メディア社会論

MEDIA AND SOCIETY: A CRITICAL PERSPECTIVE

編・辻　泉
　　南田勝也
　　土橋臣吾

有斐閣ストゥディア

はしがき

「メディア社会論」への招待

　私たちの日常生活は，もはやメディアなしには考えられない。今日では，ニュースを知りたければ新聞を読み，ドラマが見たければテレビを見るといった時代から，さらに先へと進み，24 時間 365 日，多くの人々がスマートフォンをもって，ほぼ何かの情報に接し続けているような状況にある。

　だが一方で，メディアの存在が奥深くにまで入り込んだ，この社会のありようについて，じっくりと落ち着いて考えてみる機会が，驚くほど少ないのも事実であろう。メディアの普及と変化とが，私たちが論じようとするスピードより，はるかに速く進んでいくためでもあり，あるいはまた，あまりに複雑化しているがゆえに，社会の先行きが見通しにくくなっているためでもあろう。私たちは，こうした今日の社会の姿を，いまだ十分に理解し論じられないままでいる。

　そこで本書は，読者にとっての「メディア社会論」への導きの糸となることをめざして編まれた。その際のポイントは，第一に，バランスのよい視点からの思考，すなわち複眼的思考が展開できるようにすること，第二に，そのために「流動化」「個人化」「再帰化」という 3 つのキーワードに基づいて議論を展開していることである。

本書の特徴と構成

　第一のポイントについていえば，「メディア社会論」は，とかく「道に迷いやすい」，まさに情報にあふれたテーマである。だからこそ安易な結論を求めたり，あるいは偏った視点に陥らないことが肝要である。そのためには，バランスのよい思考，複眼的思考を心がけることが必要であり，各章においては，どのような対象を論じていても両論併記が徹底されている。これは，中途半端であいまいな議論が思考停止を招かないための工夫であり，さらにいずれの章においても，抽象的な議論を展開するよりも，できるだけ身近な事例に即しながら，具体的に考えていくことを心がけている。

第二のポイントについていえば，こうした思考法とも関連して，全体の構成においても，過去・現在・未来へと広がる複数のパートを設けて，より広い視野から議論を展開することを徹底しており，先の3つのキーワードが，それぞれのパートを理解するためのものとなっている。

　すなわち，1つ目のキーワード，「流動化」とは，メディアの普及や変化の来歴を理解するためのキーワードであり，2つ目のキーワードの「個人化」とは，現在のメディア利用形態の特徴を理解するためのものであり，そして3つ目のキーワードの「再帰化」とは，メディア社会のこれからを展望するためのものである。すなわち，過去や現在のありようを，当たり前のものとみなしてしまうのではなく，よりよいメディア社会のありようを考えていくためには，常に再帰（自己反省）的なとらえ返しが求められるのである。

　以下では，本書における3部構成について，それぞれのパートをキーワードとともに紹介しておこう。

第1部 メディアの来歴（過去編）

　「第1部 メディアの来歴（過去編）」では，「流動化」というキーワードをもとにして，今日までに至るメディア環境の，その来歴を理解することをめざしている。その際，淡々と時系列的に出来事を追うだけではなく，「流動化」の以前と以降とを比較し，要点を明確に検討している。具体的にいえば，「第2章 ネットワーク化の来歴——メディアがつないできたもの」では，社会の結びつき方そのものに着目し，近代化初期以降における，一方向的なマス・メディアを中心とした社会から，双方向的なインターネットが張りめぐらされた社会への変化を，「第3章 モバイル・デバイスの来歴——場所感覚の喪失と創出」では，メディアのデバイスに着目して，場所に縛られたメディアが，徐々にモバイル化していく変化を，そして「第4章 コンテンツ・メディアの来歴——ソリッドなスター／リキッドなアイドル」では，メディアのコンテンツに着目して，スターの時代からアイドルの時代へと至る文化の変化を検討している。

第2部 メディアの功罪（現在編）

　続く「第2部 メディアの功罪（現在編）」では，個人化の進んだ，現在にお

けるメディア利用形態について，その便利さや快適さといった面とともに，背後に潜む問題点について，日ごろよく使われる事例を取り上げながら論じている。たとえば，「第5章 ソーシャル・メディアの功罪——SNS 的つながりの実相」では，LINE や Twitter，Facebook，Instagram といった若者たちが日々頻繁に利用する SNS を取り上げ，それらがもたらすコミュニケーション上の恩恵と弊害について考察し，「第6章 デジタル・コンテンツの功罪——データ化した音楽作品とその価値」では，音楽に着目しながら，かつてのアナログな聴取形態を踏まえたうえで，今日のデジタル化した聴取形態がもたらすその功罪を検討し，さらに「第7章 ネット広告の功罪——監視社会と消費行動への自由」では，リコメンドサービスに代表されるように，一面ではきめ細やかで便利になった広告のありようと，その背後で忘れ去られがちな問題点とを検討している。そして「第8章 ユビキタス／ビッグデータの功罪——『わたし』という閉域，『みんな』の可視化」では，こうした具体的な議論を踏まえたうえで，現在におけるメディア社会の功罪をより俯瞰的な視点から論じている。

▌第3部 メディア社会の構想（未来編）▐

　最後に「第3部 メディア社会の構想（未来編）」では，再帰化をキーワードに，過去や現在のありようを自明視したり，未来像の探求について思考停止したりしてしまうのではなく，自己反省的に複数の可能性を比較検討しながら，メディア社会のベターな未来像を構想していくことをめざしている。具体的には，「第9章 変わりゆくリアリティ——二項対立から多項対立の時代へ」では，これまでのマス・メディア中心の時代を踏まえたうえで，今後のメディア社会における新たなリアリティのありようを論じ，「第10章 変わりゆくコンテンツ——鑑賞からプレイへ」では，メディア・コンテンツに対する新たな享受の可能性を展望し，最後に「第11章 変わりゆくテクノロジー——分断された『わたし』からモバイルな社会性へ」においては，過去の議論を相対化して，新たな時代の「メディア社会論」の可能性を展望して締めくくっている。

はしがき ●iii

各章と本書の読み方

　各章は独立して書かれたものであるので，読者のみなさんは，興味をもった章から，好きなように読み進めていただいてかまわない。ただし，「流動化」の来歴を踏まえ，「個人化」した現状と向き合い，「再帰化」する社会のありようを展望していくならば，第1部→第2部→第3部と順に読み進めていただくことをお勧めしたい。

　また各章は，すでに述べたように両論併記が徹底された内容となっているが，関心をもたれた読者のみなさんのために，末尾には，その章の内容に関連した，「①入門書，②理論家ガイド，③最新の学術論文」の情報を掲載してある。

　初学者にあっては，「①入門書」の情報をもとに，さらにほかの文献にも当たって視野を広げていくことが大いに有用だろうし，レポートや卒業論文の執筆に当たっているような上の学年の場合などは，「②理論家ガイド」から，その章の議論のベースとなっている社会理論への理解を深めたり，「③最新の学術論文」の情報から，現在展開されている学問領域での生の議論に触れたりして，より高度な議論へとステップアップしていくとよいだろう（③については，インターネット上のデータベースなどを用いて，できる限り容易に，なおかつ無料で利用できるものを示すように心がけた）。

　さらに私事を記させてもらえれば，本書は，有斐閣から 2007 年に刊行された『デジタルメディア・トレーニング──情報化時代の社会学的思考法』（富田英典・南田勝也・辻泉編）の後継書という位置づけをもっている。驚くべきことだが，「最先端」の社会問題を論じたと思っていた前書の刊行から，すでに 10 年以上が経過してしまった。とりわけ変化の激しい，メディアという対象を論じる以上，ものすごい速さで，その内容が「時代遅れ」となっていくことは，もはや宿命ともいえるが，展開されている議論の方向性自体は，決して今日でも色褪せていないものと自負している。

　読者のみなさんは，機会があれば，前書と本書とを読み比べていただきたい。それもまた，複眼的思考の最適なトレーニングとなるだろうし，そのように身近な事例を取り上げつつ，過去・現在・未来にまたがった構成から，複眼的思考を徹底するという方針はまさに前書から受け継がれたものであり，今後にわ

たっても，そうした「メディア社会論」を展開し続けていくことが，求められているといえるだろう。メディア社会をめぐる状況は，ますます大きく変わりつつある。本書が読者のみなさんにとって，メディア社会のことを知り，考えていくための端緒となれば，望外の喜びである。

　2018 年 5 月

編　　者

著者紹介

(執筆順，＊は編者)

辻　泉（つじ　いずみ）（＊）　　　　　　　　　　担当　第1, 9章

中央大学文学部教授

主　著

『鉄道少年たちの時代——想像力の社会史』（単著，勁草書房，2018年），『ケータイの2000年代——成熟するモバイル社会』（共編，東京大学出版会，2014年）。

溝尻　真也（みぞじり　しんや）　　　　　　　　担当　第2章

目白大学メディア学部准教授

主　著

『メディア技術史——デジタル社会の系譜と行方〔改訂版〕』（分担執筆，北樹出版，2017年），『「男らしさ」の快楽——ポピュラー文化からみたその実態』（分担執筆，勁草書房，2009年）。

木島　由晶（きじま　よしまさ）　　　　　　　　担当　第3章

桃山学院大学社会学部准教授

主　著

『現代若者の幸福——不安感社会を生きる』（分担執筆，恒星社厚生閣，2016年），『オタク的想像力のリミット——〈歴史・空間・交流〉から問う』（分担執筆，筑摩書房，2014年）。

永井　純一（ながい　じゅんいち）　　　　　　　担当　第4章

関西国際大学現代社会学部准教授

主　著

『現代メディア・イベント論——パブリック・ビューイングからゲーム実況まで』（共著，勁草書房，2017年），『ロックフェスの社会学——個人化社会における祝祭をめぐって』（単著，ミネルヴァ書房，2016年）。

團　康晃（だん　やすあき）　　　　　　　　　　　担当　第 **5** 章

大阪経済大学情報社会学部准教授

主　著

　『社会にとって趣味とは何か——文化社会学の方法規準』（分担執筆，河出書房新社，2017 年），『最強の社会調査入門』（分担執筆，ナカニシヤ出版，2016 年）。

南田　勝也（みなみだ　かつや）（＊）　　　　　　担当　第 **6，10** 章

武蔵大学社会学部教授

主　著

　『オルタナティブロックの社会学』（単著，花伝社，2014 年），『ロックミュージックの社会学』（単著，青弓社，2001 年）。

加島　卓（かしま　たかし）　　　　　　　　　　　担当　第 **7** 章

筑波大学人文社会系教授

主　著

　『オリンピック・デザイン・マーケティング——エンブレム問題からオープンデザインへ』（単著，河出書房新社，2017 年），『〈広告制作者〉の歴史社会学——近代日本における個人と組織をめぐる揺らぎ』（単著，せりか書房，2014 年）。

土橋　臣吾（どばし　しんご）（＊）　　　　　　　担当　第 **8，11** 章

法政大学社会学部教授

主　著

　『デジタルメディアの社会学——問題を発見し，可能性を探る〔第 3 版〕』（共編，北樹出版，2017 年），『ケータイの 2000 年代——成熟するモバイル社会』（共編，東京大学出版会，2014 年）。

目　次

はしがき ────────────────────────────── i

CHAPTER 1　メディア社会論のために　1

1　メディア「社会」論とは何か ──────────────── 2

本書のキーワード（2）　メディアとは何か（3）　さまざまな
メディア（3）　メディア社会論とは何か（5）

2　変容するメディア社会──進む流動化と個人化 ─────── 6

進む流動化（6）　個人化するメディア利用（8）　個人化に潜
むリスク（10）

3　メディア「社会」論は可能か？──再帰化した社会を営みうるか？
──────────────────────────── 11

再帰的な近代社会を生きる（11）　複眼的思考というスキル
（12）　メディア社会論のために（14）

第1部　メディアの来歴（過去編）
── 流動化

CHAPTER 2　ネットワーク化の来歴　19
メディアがつないできたもの

1　ネットワークへのまなざし ──────────────── 20

2　マス・メディアがつないだ近代 ──────────────── 21

想像の共同体としての「国民」（21）　文字の時代と「個人」
の誕生（23）　テレビは地球をつなぐ？──「国民」から「地
球村」へ（24）

viii

3 情報社会論とインターネットの系譜 ……………………………… 25

未来予測としての情報社会論（**25**）　技術決定論と社会構築主義（**27**）　グローバリゼーションに対する批判的視座（**28**）情報化がもたらす格差の拡大（**29**）　中央集権型ネットワークから分散型ネットワークへ（**30**）　ユーザーたちがつくるネットワーク（**31**）

4 メディアを使ってつながりを創る ……………………………… 32

個人をつなぐネットワークの可能性（**32**）　メディアと私たちの関係をとらえなおす（**33**）

CHAPTER 3　モバイル・デバイスの来歴　　　　　　37
場所感覚の喪失と創出

1 モバイル社会への前奏 ………………………………………… 38

固定性から移動性へ（**38**）　場所感覚の喪失（**39**）

2 場所からの解放 ………………………………………………… 41

電話が貴重だったころ（**41**）　道具的利用から自足的利用へ（**42**）　心地よい場所を求めて（**43**）

3 電話からの解放 ………………………………………………… 45

通話しないモバイルへの離陸（**45**）　ポケットベルの不便な快適さ（**46**）　コミュニケーションから「生活インフラ」へ（**48**）

4 居場所感の創出 ………………………………………………… 50

流動化するメディア環境のなかで（**50**）　問題とされやすい状況の変化（**51**）　通話時に感じる不安の変化（**52**）

CHAPTER 4　コンテンツ・メディアの来歴　　　　　　55
ソリッドなスター／リキッドなアイドル

1 流動化するコンテンツとメディア ……………………………… 56

アナログレコードは懐古的か？（**56**）　アイドルとリキッド・モダニティ（**57**）　流動性がもたらす「自由」（**59**）

2 テレビとアイドル ……………………………………………… 60

ソリッドなスター（**60**）　リキッド化するアイドル（**62**）　全盛期から氷河期へ（**64**）

目　次 ● ix

3 Jポップの時代 ………………………………………………………… 66

アイドルからアーティストへ（**66**）　CDとタイアップ（**67**）
CDと個人聴取（**68**）

4 液体としての音楽 ………………………………………………………… 69

第**2**部　**メディアの功罪（現在編）**
——個人化

CHAPTER 5　ソーシャル・メディアの功罪　　　　　　　　　　　　　75

SNS的つながりの実相

1 SNSとは何か ……………………………………………………………… 76

ソーシャル・メディアとSNSの10年（**76**）　SNSとメディア
（**77**）　インターネット利用と世代（**78**）　SNSはわたしたち
に何をもたらすのか（**80**）

2 SNSの恩恵——つながりをもたらすサービスの変遷 ……………… 83

3 SNSの弊害——叫ばれるSNSの諸問題 ……………………………… 86

4 SNSのある社会 ………………………………………………………… 88

希薄化論と多元化論（**88**）　変化し続けるコミュニケーション
（**89**）

CHAPTER 6　デジタル・コンテンツの功罪　　　　　　　　　　　　　93

データ化した音楽作品とその価値

1 デジタル化した音楽 …………………………………………………… 94

音楽をめぐるトピック（**94**）　レコード産業売り上げの低迷
（**95**）

2 デジタル化を好機ととらえる ………………………………………… 97

新たな著作権の制度を（**98**）　水のような音楽（**99**）　フリー
経済への対応（**101**）　メディア論者のメッセージ（**102**）

3 デジタル化を秩序破壊ととらえる …………………………………… 103

手触りの感覚（104）　モノへのこだわり（104）　情報への一元化（105）

4. 文化作品の価値とは ……………………………………… 106
ベンヤミンのアウラ論（106）　アドルノの商品化批判（107）複製化時代とデジタル化時代の比較（108）　文化作品の価値（110）

CHAPTER 7 ネット広告の功罪 　　　　　　　　　　113
監視社会と消費行動への自由

1. ネット広告とは？ …………………………………………… 114

2. 広告の個人化と消費行動 ………………………………… 116
広告の個人化とシェア（116）　　消費行動モデル（117）　消費行動と多元的自己（118）

3. 個人情報の社会 …………………………………………… 119
巧妙なネット広告（119）　絶えざる個人情報の収集（120）ポイントサービスとビッグデータ（121）　監視社会と消費行動（123）

4. 消費行動への自由 ………………………………………… 125

CHAPTER 8 ユビキタス／ビッグデータの功罪 　　131
「わたし」という閉域，「みんな」の可視化

1. ユビキタスとビッグデータ ……………………………… 132
個人の情報を集めて活用する（132）　目の前のメリットとデメリット（133）

2. 「わたし」という閉域 ……………………………………… 134
それ以外の選択肢の忘却（134）　文化作品とどう出会うか（136）　チューブ状の空間（137）

3. 「みんな」を可視化する ………………………………… 139
「わたし」から「みんな」へ（139）　一般意志 2.0（140）　情報環境と社会の形（143）

4. ユビキタス／ビッグデータ的情報環境にどう向き合うか …… 144

無意識の貢献者（144）　それ込みの生，それ込みの社会（145）

第3部　メディア社会の構想（未来編）
── 再帰化

CHAPTER 9　変わりゆくリアリティ　151
二項対立から多項対立の時代へ

1　「若者の○○離れ」と「ポスト・トゥルース」から考え直す … 152
「若者のテレビ離れ」は本当か？（152）　「ポスト・トゥルース」現象が示したもの（154）　メディアとリアリティをめぐる「古くて新しい問題」（155）

2　メディアがつくりだす「非現実」という問題 …………… 156
疑似環境論（156）　疑似イベント論（157）　多元的現実論（158）

3　変わりゆく社会と「リアリティ」……………………………… 160
社会意識論から考える（160）　「虚構」の時代をいかに考えるか（161）　「虚構」の時代はいつまで続くのか（162）

4　「多項対立的リアリティと観察者たち」の時代 ………… 163
リアリティの変化（163）　遍在するメディア（163）　私たちは誰なのか──当事者から観察者へ（164）　若者文化から「多項対立的なリアリティ」を考える（165）　複数形の「充実感」を生きる若者たち（166）　「多項対立的なリアリティ」の社会を再帰的に構想する（167）

CHAPTER 10　変わりゆくコンテンツ　171
鑑賞からプレイへ

1　「コンテンツ」の語が表象するもの ………………………… 172
コンテンツとは（172）　コンテンツ批判（173）

2　批評という営為 …………………………………………………… 174
文学，音楽，映画の批評（174）　サブカルチャー批評（176）　ゼロ年代以降の批評（177）

xii

3 情報社会における作品／コンテンツの受容 ……………………… 179

テクノロジー的生活形式(1)平準化（**180**）　テクノロジー的生活形式(2)非線形性（**181**）　テクノロジー的生活形式(3)離昇（**182**）

4 鑑賞からプレイへ ……………………………………………… 183

触知的な遭遇（**184**）　プレイ（遊び）（**185**）

CHAPTER 11 変わりゆくテクノロジー　　189

分断された「わたし」からモバイルな社会性へ

1 モバイル社会の深化 …………………………………………… 190

いつでも・どこでも（**190**）　そして，なんにでも（**191**）

2 非同期的な経験の広がり ……………………………………… 193

メディア経験の非同期化（**193**）　移動の社会学（**194**）　一体感への欲求（**196**）

3 「みんな」をいかに設計するか ……………………………… 198

モバイルな社会性へ（**198**）　バラバラな個人の協力（**199**）　ゲーミフィケーション（**201**）

4 ケータイ・スマホへの想像力 ………………………………… 203

引用文献一覧 ——————————————————————— 207

事 項 索 引 ——————————————————————— 215

人 名 索 引 ——————————————————————— 220

本書のコピー，スキャン，デジタル化等の無断複製は著作権法上での例外を除き禁じられています。本書を代行業者等の第三者に依頼してスキャンやデジタル化することは，たとえ個人や家庭内での利用でも著作権法違反です。

CHAPTER

第 **1** 章

メディア社会論のために

INTRODUCTION

　2013年春におよそ1カ月間，テレビ東京系列で「快適！Amazon生活——1ヶ月ココだけで買物するとどうなる？」というバラエティ番組が放映された (http://www.tv-tokyo.co.jp/official/amazon/)。今日の日常生活は，もはやメディアなしでは成立しないといってよい。同番組はこれを逆手にとって，インターネット通販サイトで購入できるものだけで生活できるかに挑戦したのである。

　このことが示唆しているのは，今日の社会では，いつでもどこであっても，インターネットにつながったスマートフォン1台さえあれば，わざわざ外に買い物に出かけずとも，また他の人の助けを借りずとも，自分一人だけで，だいたいの日常生活を送ることができるということである。

　ではこうした便利さの背景には，どのような経緯や問題点，あるいは可能性が潜んでいるのだろうか。本書では，身近なメディアを取り上げながら，こうした点について考えてみたい。

```
KEYWORD
流動化    個人化    再帰化    メディア
```

1 メディア「社会」論とは何か

本書のキーワード

　今日の社会は，メディア社会である。もろもろのメディアなしには成立しがたく，それらと深くかつ複雑に結びついて，容易には見通しにくいような社会状況にある。

　本書は，こうした今日のメディア社会について，以下の3つのキーワードから理解するとともに，今後の展望を開いていくことをねらいとしている。

　第1は「**流動化**」である。これは歴史的な過程を理解するためのキーワードであり，それまでの社会やメディアのありようが，より複雑で大きな変化の途上に置かれていく様子を示している。

　第2は「**個人化**」であり，こうした変化の途上における，人々のメディアの利用形態を理解するためのキーワードである。

　そして第3は「**再帰化**」である。これは，メディア社会のこれからを展望するためのキーワードである。著しく「流動化」した社会状況や，「個人化」した人々の利用形態が広まるなかでは，これらを自明のものとみなしてしまうのではなく，常に再帰（自己反省）的にとらえ返していくことが必要となる。なぜならば，それこそがよりよいメディア社会のありようを考えていくために求められるからである。

　また，これらは「第Ⅰ部　メディアの来歴（過去編）」「第Ⅱ部　メディアの功罪（現在編）」「第Ⅲ部　メディア社会の構想（未来編）」のそれぞれのパートを貫くキーワードでもある。この点に留意して読み進めていただくと理解の助けとなるだろう。ここでは，「流動化」「個人化」「再帰化」という3つのキーワードとともに，本書の内容やその概略について述べていくこととしたい。

メディアとは何か

　それに先立って，本書で取り上げるメディアとは何か，あらためて定義を振り返っておこう。

　メディアとは媒体のことである。コミュニケーション（意思の伝達）を行う際の媒体のことをいい，このテキストに書かれた文字もメディアであり，古くは狩猟民が用いた狼煙もメディアに含まれる。意思の伝達手段として，技術的に生み出されたものがメディアだと考えてよい。

　メディア論の先駆的な学者としては，カナダの英文学者マクルーハンの名を挙げないわけにはいかないだろう（⇨第2章Bookguide）。彼は，代表的著作『メディア論』（McLuhan 1964＝1987）などにおいて，メディアが伝える内容と同じかそれ以上に，メディアによる伝え方そのものが大きな意味をもつと論じた。「メディアはメッセージである」というテーゼ（命題）はこれを簡潔に示したものである。またその弟子筋にあたるアメリカの哲学者オングは，『声の文化と文字の文化』（Ong 1982＝1991）において，声と文字のメディアとしての違いに着目した。

　詳細はぜひこれらの原典にもチャレンジしてほしいが，たとえば友人へのメッセージにおいても，電話を通して声で会話をするのと，手書きの文字を書いた手紙を送るのと，さらには絵文字を織り交ぜたメールを送るのとでは，ずいぶんと伝わり方が違うということを想像できるだろう。

さまざまなメディア

　このようにメディアにもさまざまな種類が存在する。それは，社会が複雑に発展してきたのと同時に，メディアもさまざまに変化してきたからである。いうなれば，多様なコミュニケーションがあるほどに，多様なメディアも存在してきたということである。

　まずもって知っておくべきは，パーソナル・メディアとマス・メディアの違いであろう。電話での通話のように，1対1でなされるコミュニケーションはパーソナル・コミュニケーションと呼ばれ，その媒体である電話がパーソナル・メディアとなる。

1　メディア「社会」論とは何か　●3

一方で，不特定多数（n 人）に向けてニュースが伝えられるように，大規模なコミュニケーション（1 対 n のコミュニケーション）はマス・コミュニケーションと呼ばれ，その媒体である新聞やテレビなどがマス・メディアとなる。

　補足しておくならば，先の 20 世紀はまさにマス・メディアの時代であったと言える。端的に言って，それは発達しつつあった近代的な国民国家が，互いに争うなかでマス・メディアをトップダウンな国民統制の手段として整備していったからである（日本の新聞における，1 県 1 紙の地方紙と全国紙という体制はその典型である）。

　だが 21 世紀は，旧来のマス・メディアの枠にとらわれない新たなメディアの時代となっている。たとえばインターネットは，パーソナル・コミュニケーションにも，マス・コミュニケーションにも用いられうるが，それと同時に不特定多数が相対するような，いわば n 対 n のコミュニケーションもなしうる。具体的には，インターネットの掲示板や，いわゆるソーシャル・メディア（⇨第 5 章）を想定するとわかりやすいだろう。それらにおいては，不特定多数が書き込んで，不特定多数が受容するようなコミュニケーションがなされている。

　こうした，もはやマスかパーソナルかといった分類が当てはまりにくいメディアについては，新たな分類として，文化作品を楽しむコンテンツ・メディアと，コミュニケーションを楽しむソーシャル・メディアとして定義する論者もいる（東 2007）。

　具体例としては，前者には YouTube などが，後者には Facebook や Twitter などが当てはまるだろう。知られるように，こうしたメディアを運営するのは国境を越えた多国籍企業である。それゆえ今日のコミュニケーションは，ローカルに閉じたものだけでなく，グローバルにも広がる時代であることが容易に理解されよう。

　そしてこうしたメディアを利用するうえで，もっともハンディなデバイスが，ほかならぬスマートフォンだと言えるだろう。それはもはや単なる電話ではなく，メールの送受信やインターネットへのアクセス，テレビ視聴や音楽・ゲームをプレイするなど各種コンテンツの享受もでき，さまざまなメディアの特性を持ち合わせたマルチ・メディアの典型だと言えよう。

メディア社会論とは何か

さて，スマートフォンは典型例だが，今日の高度に複雑化したメディアについては，便利さを享受する一方で，その仕組みであったり，社会背景については，十分な理解がなされていないのではないだろうか。

いわば，メディアが高度で複雑化するほどに，その存在はブラックボックス化していくのだといってもいい。これまでのメディア，たとえば新聞が紙に文字が印刷されたものであり，ラジオが電波を受信するメディアであるということは容易に理解できても，新しいメディアであるスマートフォンについては，それがどのように動いているのかという機械としての仕組み，またそれを通して享受しているメールや各種のコンテンツが，どこからどのようにやってくるかということについては，十分に理解しないままの人が多いのではないだろうか。

もちろんスマートフォンについても，購入や機種変更の際に，その色や形，大きさなどについてはずいぶんと気にすることだろうし，その後もいろいろと考えて，自分好みのカバーや各種の付属品をつけたりもするだろう。

だが，それでもこうした新しいメディアについては，それと社会とのかかわりを考えることが困難になりつつあるといわざるをえない。それはこうしたメディアが，いつでもどこでも利用可能で，日常生活に奥深く入り込んでいるからにほかならない。むしろそれゆえに，あたかも身の回りの空気のように，ついその存在を当たり前のものとみなして，自覚的にとらえることを忘れてしまいやすいのである。

この点は，たとえば図 1.1 のような調査結果にも現れている。これはベネッセ教育総合研究所が 2014 年に行った「中高生の ICT 利用実態調査」の結果だが，こうした新しいメディアに日々接している若者たちが，その機械としての操作には大いに長けていても，実にその半数近くが，それを介した情報の正しさを確認する方法がわかっていないという象徴的な結果が示されている。

もちろん，社会とのかかわりを考えずともメディアを使うことはできる。章扉の例のように，スマートフォンが 1 台あれば，一人きりで生きていくことはほぼ可能である。だが，なぜこうした社会になったのかといった背景や，これ

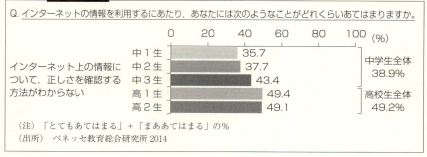

図1.1 インターネット上の情報の正しさを確認する方法がわからない中高生

らのメディアのよりよい使いこなし方，あるいはこれからのメディア社会のありようを考えていくことも必要なのではないだろうか。

こうしたメディアは，いったい誰が何の目的で発展させてきたものなのか，あるいはこうしたメディアは現在どのように普及しているのか，そしてこれらと結びついた社会は今後どうなっていくのか，こうした論点が重要になっているのではないだろうか。それこそが，メディア社会論の課題にほかならない。

しかし，こうした論点を見通しがたく，状況を複雑で不透明にしているのが，メディア環境の「流動化」と利用形態の「個人化」なのである。

2 変容するメディア社会

▶ 進む流動化と個人化

進む流動化

では流動化とはいかなることか，見ていくことにしよう。

この点について，興味深い議論を展開しているのは，ポーランド出身の社会学者バウマンである（⇨第4章 Bookguide）。バウマンは，『リキッド・モダニティ』（Bauman 2000＝2001）において，近代社会が，かつての包括的で均一な，固体化した（ソリッドな）段階から，液状化した（リキッドな）段階へと変化しつつあると指摘する。

同書が主に取り上げているのは，共同体や労働，時空間のありようだが，こうした変化とメディアが深く関わっているのは明らかだろう。バウマン自身も

触れているように，「電話線の差し込み」によって縛られた固定電話から，いつでもどこでも使うことができる携帯電話やスマートフォンへの移行は，まさに流動化の典型であり，それとともに「『近く』と『遠く』，『田舎』と『都会』，『未開』と『文明』の違いは意味をなさなくなった」（Bauman 2000＝2001：15）。

こうしたメディアの変化についての具体例は枚挙に暇がない。たとえば，日々のニュースについても，かつてならば紙に印刷されて毎日宅配される新聞で読んでいたものが，今日では，インターネット上の各種サイトや自分あてのメールを通して，いつでもどこでも知ることができる。

また音楽についても，一枚一枚のレコード盤をプレイヤーにかけて聴いていたものが，今日では iPod にきわめて多数の曲を登録し，気軽に持ち歩くことができるし，あるいはかつてならば，決められた放映時間にテレビの前で見ていたドラマも，今ではインターネットのオンデマンド配信によって，各自の都合に合わせて見られるようになった。

この点を振り返れば，かつては紙やレコード盤，テレビ受像機といった「固体化した（ソリッドな）」デバイスを通して，限られた時空間で享受していたものが，これらの情報がデジタル化され，流通や加工，保存の自由が格段に増すとともに，デバイスも小型軽量化されて移動可能なものとなり，いつでもどこでも享受可能な，まさに「液状化した（リキッドな）」メディアの利用形態へと変化してきた。

こうした変化について，感覚的な物言いだけではなく，実際のデータをもとにして，その実態を理解してみたい。この点については，総務省が行った情報流通インデックス調査の結果が興味深い。

図1.2の折れ線グラフで示されているのは，2001（平成13）〜2009（平成21）年の間における，日本国内での流通情報量と消費情報量，それに実質国内総生産と総人口の推移である（2001〔平成13〕年の値を 100 として図示）。

これによれば，実質国内総生産であれ，総人口であれ，それほど大きな変化は見られず，また消費情報量も大きくは変化していないことがわかる。その一方で，流通情報量については，この短期間でほぼ倍増している。よって，人々が享受できる情報量については上限がある一方で，流通する情報量は増え続けているということができるだろう。

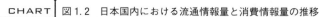
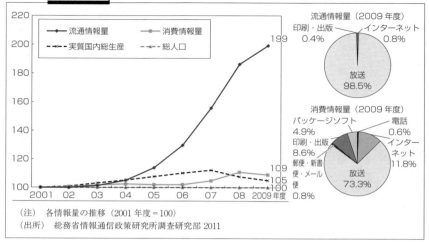

図1.2 日本国内における流通情報量と消費情報量の推移

(注) 各情報量の推移 (2001年度=100)
(出所) 総務省情報通信政策研究所調査研究部 2011

　なお，正確に記しておくならば，右側の円グラフにあるように，流通情報量においては，インターネットが占める割合は0.8％にすぎず，依然として放送が98.5％と圧倒的に多くを占めている。だがこれは，テレビが多くを占める放送については，それが映像コンテンツであるがゆえに情報量が多く計算されるためである。よって消費情報量の内訳を見ると，放送の占める割合は73.3％と7割程度であり，インターネットが11.8％とそれに次ぎ，享受の形態が多様化していることがうかがえる。

個人化するメディア利用

　このように，社会全体，あるいはメディア環境の流動化が進んでいくなかで，人々の利用形態にはどのような特徴が見られるのだろうか。いくつかの研究を紹介しながら，この点について触れてみたい。
　実は流動化という現象は，昨今に始まったものではない。近代社会の成立時においても，前近代的な共同体社会が流動化していくことで，近代的な社会へと再編されていった。この点については，19世紀における新聞などの出版メディアが，国民意識や共通語としての国語といったものの成立と強く結びついていたと指摘するアメリカの政治学者アンダーソンの『想像の共同体』(An-

derson 1983＝1997）が有名である（⇨第2章）。

　ほかにも，先に取り上げたマクルーハンは，テレビに代表される20世紀の
マス・メディアが人々を強く結びつけていくことで，やがて地球全体が一つの
共同体（「地球村＝グローバル・ヴィレッジ」）へと再編されていくのではないかと
述べた（McLuhan 1962＝1986）。

　これらに共通するのは，流動化が進むとともに，メディアを通して，人々が
さらに規模の大きい結びつきへと再編されていくのではないか，という予想で
ある。もちろん今日の人々も，国境に縛られずにコミュニケーションをしたり，
コンテンツを享受したりしているが，むしろその一方で，共通して見られる特
徴は，個人化なのではないだろうか。

　この点は，マス・メディアと対比させると明確だろう。というのも，それら
は共同的な利用形態が中心であったのに対し，今日の新たなメディアは，徹底
して個人的な利用形態が中心になっているからである。

　具体的に言えば，これまでは新聞が配達されるのも，テレビの視聴率の元と
なっているのも，あるいは固定電話が設置されるのも，各々の世帯が単位であ
った（もちろん一人暮らし世帯も含まれる）。そして，各世帯に届けられた新聞を
家族で順番に回し読みしたり，テレビを家族団らんの時間に居間で視聴したり，
固定電話にかかってきた通話を家族に取り次いだりといったことがよく見られ
てきた。

　一方，今日におけるスマートフォンは，個々人が所持し，個人用のメールア
ドレスや各種サイトのアカウントを作成して利用するものである。そして享受
するのは，自分個人宛のメールやメッセージであったり，あるいは自分好みに
カスタマイズしたコンテンツとなっている。

　もちろんこうしたコンテンツやメッセージについて，ソーシャル・メディア
を通して共有（シェア）することはありうるだろう。だがあくまで，メディア
の利用形態は基本的には個人単位といってよい。

　つまり今日は，流動化が進み，流通する情報量も増し，その加工や保存の自
由度も高まったことで，より個々人のニーズに近いものを享受することが可能
な便利な社会となったのである。

　それは，再び冒頭の例に立ち戻れば，人の手を借りずとも生活することがで

きるインフラが整っており，ニュースであれ，広告であれ，音楽であれ，「あなただけ」のためのコンテンツが用意されている時代といってもよいだろう。

個人化に潜むリスク

だが一方で，こうした個人化の広まりは，その快適さとは裏腹に，大きなリスクの増加も伴っている。なぜならば，バウマンも指摘するように，個人化とはすなわち自己責任化だからである（Bauman 2000 = 2001）。

共同的な利用形態が主であるテレビであれば，その放送内容に問題点が見られた場合，視聴者が共同して放送局にクレームを申し入れる，といったことが想定しやすかった。だが，スマートフォンを通した私的なメッセージのやりとりやソーシャル・メディアの個人的な利用におけるトラブルの場合，共同してクレームを申し入れるというよりも，問題の原因を自らにあったと考えるか，誰にも言えないままにしてしまうことが多いのではないだろうか。

この点は，大阪府が 2014 年に小中高生を対象に実施した以下のような調査結果にも表れていよう。表 1.1 を見ると，インターネット上でトラブルに巻き込まれた場合に，誰に相談するかと尋ねたところ，実に小学生の 7 割近く，中高生であっても 6 割近くが，「誰にも相談しない」と答えているのである。まさにメディアの利用形態だけでなく，そのトラブルおよび対処法についても個人化が進んでしまっているのだと言えよう。

こうしたトラブルの恐ろしさについて，さらに興味深い議論を展開しているのは，ドイツの社会学者ベックである。ベックは，主著『危険社会』（Beck 1986 = 1998）において，予測可能な「危険」と，社会の複雑化とともに増大する予測困難な「リスク」とを区別した。すでに述べてきたとおり，流動化とともにメディア環境の複雑さが増し，一方で利用形態が個人化することは，ここでいう「リスク」が増大していくことを意味しよう。メディアの存在が，ブラックボックス化していくことはほぼ同じ現象を指している。

いわば，何をするにしてもメディアを介することが必要なメディア社会は，便利さの裏側で，膨大な「リスク」を抱え続けることになるのである。それはすなわち，ひとたび大規模なトラブル，たとえば電力の供給が止まったり，あるいは大規模に個人情報が流通するようなことが起これば，とてつもない大混

| CHART | 表1.1　インターネット上のトラブルで誰にも相談できない小中高生 |

Q. インターネット上でトラブルに巻き込まれた場合，誰に相談しますか。

(%)

	先　生	親	友　達	その他	誰にもしない
小学生	0.9	22.8	6.9	0	69.4
中学生	3.4	11.8	26.3	2.0	56.5
高校生	2.6	7.6	29.7	1.9	58.2

（出所）　大阪府 2014

乱が避けがたい社会になったということなのである。

　あるいは，さらに極端に言えば，徹底した個人化の進行は，「社会」が成立しがたくなることを意味するといっても過言ではない。いわば，それが徹底的に進んだ果てに残されるのは，利用されるメディアと個人だけであり，共同的に営まれるべき社会が，もはや必要なくなる可能性すら感じられてしまう。メディア環境の「流動化」と利用形態の「個人化」によってもたらされる問題点の根幹はこの点にこそある。

３　メディア「社会」論は可能か？

▶ 再帰化した社会を営みうるか？

▌再帰的な近代社会を生きる▐

　では，こうした「リスク」の増大を引き起こす，個人化の進展に対して，何もなすすべはないのだろうか。これについては，問題点ばかりを見るのではなく，現状のメディアの利用形態のなかに，むしろ可能性の萌芽を探すことが生産的であろう。そのためにこそ重要になってくるのが，意識的で自己反省的なふるまいである。

　先にも述べたとおり，今日においては「社会」と関わらず，メディアと個人だけで生活することも不可能ではなくなりつつある。だが一方で，そうした生活は潜在的な「リスク」が膨大になるため，長期的に見れば立ち行かなくなるであろう可能性が高い。

　とするならば，「社会」という共同的な営みをあえて行うこと，すなわち，

３　メディア「社会」論は可能か？　●11

その存在を当たり前のものとみなしてしまうのではなく，むしろそうした営み
を行うか否かという選択の前提にまでさかのぼるような，自己反省的なふるま
いが重要になってくるだろう。このように自己反省的に営まざるをえなくなっ
た今日の社会状況のことを，イギリスの社会学者ギデンズ（⇨章末 Bookguide）
は「再帰的近代化」と呼んでいる（Giddens 1990 = 1993）。

　いわば，メディア社会論の今日的な課題とは，流動化と個人化の著しい進展
を前にして，それでもメディア込みの「社会」を再帰的に営みうるかという点
を考えることにある。

　ギデンズも認めるように，このように再帰的に営まざるをえない社会は，一
見すると不確かなものに満ち溢れ，強い不安を感じてしまうものかもしれない。
だがその一方で，目の前の社会状況を，当たり前のものと甘受するしかない時
代と比べれば，常に変わりうるものとして，社会に能動的にコミットできる時
代ということも可能なのではないだろうか。

┃複眼的思考というスキル┃

　そして，こうした「あえて」の営みを続けていくためには，ものごとを自明
視せず，その前提にまでさかのぼって，自覚的に思考することが必要となる。
そして，このように再帰化したふるまいのために重要なのが，複眼的思考とい
うスキルである。

　複眼的思考とは，一面的であったり，偏向することなく，同時に複数の視点
からものごとをとらえていこうとする思考のことである。ここで言えば，今日
のメディア利用形態において個人化が進んでいくことについて，それを自明な
ものとみなして，それ以上の思考を止めてしまうのではなく，むしろ他のあり
ようがないのかを探求するような姿勢のことをいう。

　たとえば，メディアが社会に及ぼす影響について，重要なのは「功と罪」の
両側面をバランスよく見極めていくことであろう。今まで共同的に営んできた
ものが個人化していく現象が多く見られる一方で，逆に，個人的にしかなしえ
なかったものがメディアによって共同的に営みやすくなるかもしれない。その
ように，日常生活で意図せずにやっていることのなかに，有益なヒントがある
かもしれない。

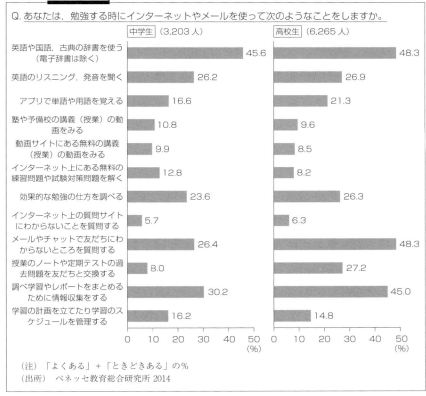

図1.3 インターネットやメールを使って質問をする中高生

　この点については，図1.3にそのようなヒントが垣間見えるのではないだろうか。この図は，先にも取り上げた「中高生のICT利用実態調査」のなかから，学習時におけるインターネットやメールの利用について尋ねた結果を示したものである。

　これを見ると，まず「英語や国語，古典の辞書を使う」や「調べ学習やレポートをまとめるために情報収集をする」といった，おそらくは個人的に行うであろう情報収集行動が多くを占めているのがわかる（中学生で前者が45.6％，後者が30.2％，同じく高校生では48.3％と45.0％）。

　だがその一方で，それに次ぐかあるいは同じくらいの割合で「メールやチャットで友だちにわからないところを質問する」や「授業のノートや定期テスト

3　メディア「社会」論は可能か？　●13

の過去問題を友だちと交換する」といった共同作業の項目も多くなっているのがわかる（中学生で前者が 26.4%，後者が 8.0%，同じく高校生では 48.3% と 27.2%）。ほかにも，ソーシャル・メディアを活用して講義内容などを共有する大学生も近年では多く目にするようになっているが，これらは，それまで個人的に行っていた行動が，メディアによって共同的に行いやすくなったものといってよい。

　加えて重要なのは，実はこれらの結果が，先の図 1.1 で取り上げたのと同じ調査によるものということである。すなわち同じ若者たちが，かたや「インターネット上の情報の正しさを確認する方法がわからない」と個人化させた悩みを抱えている一方で，（おそらくはその回答との関連は無自覚的に）「メールやチャットで友だちにわからないところを質問」したり，「授業のノートや定期テストの過去問題を友だちと交換」したりしているのである。

　同じ調査から得られたこれらの結果は，合わせてみると一見奇妙でもあるが，しかしながらここからうかがえるのは，メディアが「諸刃の剣」のような存在ということなのだろう。すなわち，大きな流れとしては個人化の進展が著しく進んでいく一方で，むしろメディアを通してこそ，再帰的に共同的なふるまいをする可能性もまた芽生えつつあるということではないだろうか。

　よって，こうした可能性の萌芽を見いだすことができるならば，今後はそれをより意識的にとらえていくことが重要となってくるだろう。

メディア社会論のために

　「メディア社会論」とは，このようにメディア環境が「流動化」し，利用形態が「個人化」していくメディア社会を，再帰的にとらえ返していくための学問である。このように，本書は全体として，ごく身近な現象からスタートしつつ，複眼的思考というスキルを養いながら，「メディア社会論」を構想していくことをめざしている。読者のみなさんにとって本書が，今日の社会における最重要課題の 1 つに向き合っていくための端緒となれば，これに勝る幸せはない。

さらに学びたい人のために | Bookguide ●

●**入門書**

▶土橋臣吾・南田勝也・辻泉編，2013『デジタルメディアの社会学──問題を発見し，可能性を探る〔改訂版〕』北樹出版

　　本書のコンセプトで言えば，現在編と未来編に特化した内容からなり，新たなデジタルメディアが引き起こす諸問題を発見しつつ，肯定的な可能性の探求を行っている。

▶吉見俊哉，2012『メディア文化論──メディアを学ぶ人のための15話〔改訂版〕』有斐閣

　　内容のバランスのよさも特徴だが，とりわけ常識的な視点を覆していくソシオメディア論から展開されたメディア史の内容が興味深い。

●**理論家ガイド**

　　アンソニー・ギデンズ（1938-）はイギリス出身の社会学者。ロンドン・スクール・オブ・エコノミクスの元学長であり，現在は名誉教授。1990年代末から2000年代にかけての労働党ブレア政権ではブレーンを務め，いわゆる「第三の道」路線を支えた。著作や研究内容によって，古典研究を中心とする初期（『社会学の新しい方法規準──理解社会学の共感的批判』1987年，而立書房など），構造化理論を展開した中期（『社会の構成』2015年，勁草書房など），「再帰的近代化」概念を軸に後期近代社会を分析した後期（『近代とはいかなる時代か？──モダニティの帰結』1993年，而立書房など）とに大きく分けることができる。また英語版ではすでに第8版を数え，邦訳でも第5版まで出ている『社会学』はスタンダードテキストとして評価が高い。

●**最新の学術論文**

▶吉田純，2012「再帰性概念の社会情報学的意義についての予備的考察（〈特集〉社会情報学からの発信）」『社会情報学』1 (1) 55-63

第**1**部

メディアの来歴（過去編）

—— 流動化

PART **1**

CHAPTER **1**
2 ネットワーク化の来歴
3 モバイル・デバイスの来歴
4 コンテンツ・メディアの来歴
5
6
7
8
9
10
11

CHAPTER

第 2 章

ネットワーク化の来歴
メディアがつないできたもの

総視聴者から総発信者の時代へ

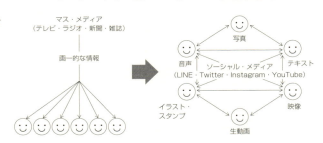

INTRODUCTION

　インターネットが普及する以前の時代，メディアの主役はマス・メディアであった。特にテレビ・ラジオ・新聞・雑誌の四大マス・メディアは，私たちの社会に欠かせない情報インフラとして機能していた。そこではごく少数のプロの送り手が画一的な情報を発信し，膨大な数の受け手がそれを受け取るという，一方通行のつながりが前提とされていた。

　しかし，インターネットが社会の隅々を覆い尽くした現在，情報流通のあり方は根本的に変化した。誰もが文章を書き，誰もが映像を撮り，誰もが写真を公開するようになった。プロとアマチュアの境界があいまいになり，全員が情報の発信者になる時代がやってきたのである。

　では，誰もが情報の発信者であり受信者でもある現代社会で，人々のつながり方はどのように変化したのだろうか？

> **KEYWORD**
>
> 想像の共同体　　グローバル・ヴィレッジ　　技術決定論　　社会構築主義　　分散型ネットワーク

1　ネットワークへのまなざし

　メディアは人と人を媒介する技術である。言い換えるならば，さまざまな形で人々をつなぐネットワークをつくりあげてきたのが，メディアである。

　たとえば，現在私たちが日常的に接しているインターネットにも，やはりネットワークを意味する「ネット」という言葉が使われているが，このインターネットが想定しているネットワークは，現代におけるネットワークのイメージを象徴していると言えるだろう。それは，集団的・組織的なつながりというよりは，中心がなく分散していて，国などの境界もあいまいで，自己増殖する個人的なつながりである。実際，私たちはインターネットを通して自分自身で情報発信をしたり，見知らぬ人と個人的につながることができる。しかもそのつながり方は日本国内にとどまらず，世界中の人と時間や距離を越えてコミュニケーションすることが可能である。

　一方，このようなインターネットに対するイメージとは対照的に，集団的・組織的で中央集権的なメディアとしてイメージされてきたのが，従来のマス・メディアであろう。たとえばテレビについて考えてみると，多くのテレビ局は東京のキー局を頂点とした中央集権的な構造のなかで運営されており，そこで制作される番組の大多数は，日本で生活する人に向けて日本語で放送されている。さらに，番組を見る／見ないを選択する以外に，テレビ局に対して個人が関与できる余地はほとんどない。テレビを使って個人が情報発信をしたり，個人同士がつながるといったこともまれであろう。

　1953 年に日本で最初に民間放送を開始したテレビ局は，日本テレビ放送網株式会社（Nippon Television Network Corporation）である。この社名から見て取れるように，創業者の正力松太郎が構想していたのは，日本全体をまさしく網

の目のようにつないで，視聴者に情報を伝えるテレビ放送のネットワークだった。しかし，当時のテレビ局が構想した「網」＝ネットワークと，現在のインターネットが想定しているネットワークでは，その意味するところは根本的に異なっている。

　ネットワークを介して，膨大な量の情報が世界中を飛び交うようになった社会のことを，「情報社会」や「ネットワーク社会」と呼ぶことがある。この「情報社会」や「ネットワーク社会」をめぐる言説を批判的に検証したイギリスの社会学者ウェブスターは，何をもってこの社会は「情報社会」や「ネットワーク社会」に突入したと言えるのか，またそこでいう「情報」や「ネットワーク」とはそもそも何を意味しているのかについて，問題提起を行った（Webster 1995＝2001）。社会学者の佐藤俊樹も「たしかに『ネットワーク』とつけば何か新しいことがいえるように思える。それは『ネットワーク』という言葉に制度としての具体性，いわば実体がないからだ。ネットワークは何か新しいもの，『別の何か(オールタナティブ)』を漠然とさす言葉なのだ」（佐藤 2010：306）と述べ，それでもネットワークについて語り続けてしまう社会の欲望について論じている。

　ネットワークは，メディアについて考えるうえできわめて重要な概念であると多くの人々に認識されてきたにもかかわらず，その内実はきわめてあいまいで多義的である。本章はこのネットワークをキーワードにしながら，そもそもメディアは人々をどのようにつなぐものとして語られてきたか，また，そのありようが時代とともにどのように変わってきたかについて，見ていくことにしたい。

 マス・メディアがつないだ近代

想像の共同体としての「国民」

　メディアを人と人をつなぐ媒介として考えるならば，機械技術はおろか文字すらあまり流通していなかった時代，たとえば離れた場所にいる人に向けて狼煙を上げてメッセージを伝えていた時代から，メディアは存在していたと言える。しかし，メディアを媒介した人々のつながり方が劇的に変化したのは，や

はり出版というマス・メディアの出現が大きな契機であった。

　アメリカの政治学者アンダーソンは，出版メディアが「国民」という巨大なつながりを生み出すさまを描き出した。大量印刷の技術が普及し，出版が巨大産業になる 16 世紀まで，ヨーロッパでは出版物の多くはラテン語でつくられていた。当時ラテン語は，聖職者を中心とする限られたエリート層のみが読み書きできる言葉として流通していた。一方，庶民が使う話し言葉は，地域ごとに少しずつ変化しながらグラデーションのように広がっていた。しかし，少数のエリート層に向けたラテン語出版市場が飽和し，出版産業が大衆向けの出版物へとその市場を広げようとするにあたり，この話し言葉の多様性は障壁となった。たとえ技術の進歩によって大量印刷が可能になっても，地域によって少しずつ異なる話し言葉にあわせて，それぞれの地域ごとに出版物をつくっていては，大量印刷のスケールメリットを活かすことができない。出版物を大量に印刷し，安い価格で読者に販売して利益を得るためには，地域を超えて読み書きできる言葉の創出が不可欠であった。そこで出版業界は，意味が通じる範囲で話し言葉よりも広いエリアをカバーできる統一言語＝出版語を提唱し，その言葉を使って出版物を流通させることで，大量生産・大量販売のビジネスモデルを確立しようとしたのである。

　こうして出版語によって分割された各地域の住民は，長い間その出版語で読み書きを続けるうちに，従来とは異なる独自の地域アイデンティティを持つようになっていった。それまでは，同じ国の住人でも使われている話し言葉は多様で，住む地域が異なれば意思の疎通は困難であった。しかし出版語が定着すると，話し言葉が通じる範囲よりもはるかに広い範囲で情報のやりとりをすることができるようになった。同時にこの状況は，自分が使う出版語を理解できる「中の人」と，異なる出版語でなければ意思疎通できない「外の人」という感覚を強固にしていく。

　結果として出版語は「国語」と呼ばれるようになり，その言葉を使う地域の住民に「国民」としてのアイデンティティを付与する役割を担うようになった。アンダーソンは「国民」という意識はもともと当たり前に存在していたものではなく，出版産業がその規模を拡大させていく過程で創り出されたものであるとし，この「国民」意識に基づく共同体を「**想像の共同体**」と呼んだ。つまり

「国民」もまた，メディアが創り出したつながりの様態の1つなのである（An-derson 1983 = 1997）。

文字の時代と「個人」の誕生

出版メディアが「国民」を創り出す過程を論じたのは，アンダーソンだけではない。メディア論の提唱者として知られるカナダの英文学者マクルーハン（⇨章末 Bookguide）もまた，出版メディアが人間の感覚やつながり方を大きく変えたと論じた人物の一人である。

マクルーハンは，メディアの変遷を話し言葉の時代，文字の時代，電気の時代という3つの時代に区分した。この時代区分は，単なるメディアの違いにとどまらず，メディアによって引き起こされる人間の感覚そのものの変化を含意している。

たとえば，私たちは誰かと面と向かって会話をするとき，口と耳だけを使ってやりとりをしているのではなく，お互いの表情やしぐさ，その場の雰囲気なども含めて，さまざまな情報を伝達・受容している。まだ文字が流通しておらず，会話を通してしか意志疎通ができなかった時代，すなわち「話し言葉の時代」のコミュニケーションは，聴覚はもちろん，他のさまざまな感覚も駆使した「全体的な経験」だったとマクルーハンは述べる。またこの時代，人がコミュニケーションを行うためには必ず同じ時間と空間を共有している必要があり，それは人々の間に親密な（マクルーハンは「部族的な」という言葉を使っている）つながりを創り出していた。

しかしその後，文字が出現し，さらには大量印刷された出版物が流通するようになると，人間の感覚も大きく変化した。たとえば私たちが印刷された本を黙読するとき，そこで働いている感覚は視覚のみであって，聴覚など他の感覚は完全に切り離されている。マクルーハンは，このように視覚が他の感覚から切り離され優位に置かれるようになった時代のことを「文字の時代」と呼んだ。

「文字の時代」に入ると，人々のつながり方もまた変化していくことになる。「話し言葉の時代」におけるコミュニケーションは，対面で行うのが基本であった。しかし「文字の時代」になると，人々は本を黙読することで，会ったことのない遠く離れた場所にいる人間の考えを知り共有することができるように

なる。その一方で「話し言葉の時代」に特徴的とされた，部族的なつながりは次第に失われていった。印刷技術は，声が届く範囲で形成されていた親密な共同体から人々を切り離し，代わりに自らの意思で遠く離れた人と選択的につながる「個人」を生み出したのである。

　もちろん，「文字の時代」が親密な共同体から切り離された「個人」を生み出した一方で，アンダーソンが述べたように，出版メディアは「国民」という想像の共同体も創り出した。マクルーハンも「民族語をナショナリズムにとってたいへん重要なマスメディアと化していった印刷独自の意味」（McLuhan 1962＝1986：358）について考察しており，印刷物が「個人」を生み出すと同時に「国民」という巨大なつながりを創り出したことも認識していた。

テレビは地球をつなぐ？── 「国民」から「地球村」へ

　しかしマクルーハンが先駆的だったのは，彼が主張を展開した 1960 年代当時，世界的に普及しつつあったテレビの可能性に着目しながら，その後の「文字の時代」から「電気の時代」への転換を論じた点にある。マクルーハンは 1964 年に発表された主著『メディア論──人間拡張の諸相』において，テレビの画面に映し出されているのは単なる光の点の運動にすぎず，それを意味のあるメッセージとして受け取るためには，視聴者は聴覚や運動感覚などを含む全感覚を投入しなければならない。つまり「電気の時代」におけるテレビとは，「文字の時代」に切り離された人間の感覚をもう一度統合し，「全体的な経験」を復活させるメディアであると主張した。

　またマクルーハンは，テレビに代表される電子的なメディアは，コミュニケーションの時間的・空間的制約を打破するだろうと予見した。「話し言葉の時代」では，コミュニケーションの範囲は声が直接届く空間に限定されていたために，当事者の間には部族的なつながりが生み出されていた。一方でテレビは，部屋で一緒に見ている家族や友人など，同じ空間にいる人々を巻き込んでコミュニケーションに参加させるだけでなく，画面の向こう側からこちら側へ，空間を飛び越えてリアルタイムに声を伝達することも可能である。すなわち，世界中の人々が部族的につながる可能性を，彼はテレビに見いだしたのである。

　マクルーハンは，「国民」意識を超えて世界中のすべての人々がつながり，

時間と空間を共有する社会のことを「地球村」(グローバル・ヴィレッジ)と呼んだ。「電気の時代」においては，一度切り離された人間の感覚が統合されると同時に，人間同士の関係もまた統合されるのである。

さて，ここまでに見てきたように，想像の共同体としての「国民」にせよ，「地球村」にせよ，近代社会はマス・メディアを媒介として組織される人々の巨大なつながりを前提に語られてきたということができる。しかし一方で1970年代以降，近代の次に来る時代，いわゆるポストモダンの時代における新しいメディアの可能性に焦点を当てた情報社会論と呼ばれる考え方が提示され，議論を呼ぶようになる。次節ではこの情報社会論の展開を見ながら，メディアは何をつないできたのかをめぐる議論の転換点について，検討してみたい。

情報社会論とインターネットの系譜

未来予測としての情報社会論

情報社会論の盛り上がりは，アメリカの社会学者ベルが1973年に発表した著作『脱工業社会の到来』が発端であるとされている(ただしベルはこの本のなかで「情報社会」という言葉を使ってはいない)。ベルは産業革命が起こる18世紀以前の社会を農業中心の前工業社会とし，それに対して，産業革命を経て機械技術が急速に広がった19世紀後半以降の社会を，製造業中心の工業社会として位置づけた。そして20世紀末の現代社会は，工業社会が終わりを迎え，サービス業を中心とした脱工業社会になりつつあると論じた。

図2.1にあるように，第二次世界大戦後のアメリカはサービス業従事者が増加し，逆にモノの生産に直結した労働者の比率は低下の一途をたどっていた。このような状況を概観したうえで，ベルは，サービス業が産業の中心となる脱工業社会において重要な役割を果たすのが，情報であると主張した。農業中心の前工業社会では，富を生み出すのは土地や水などの資源とそれを利用する人間の筋力であり，工業社会で収益の源泉となるのは機械技術とそれを動かすエネルギーであった。しかしサービス業，すなわち「人と人とのゲーム」が富を生み出す脱工業社会では，人間の筋力やエネルギーに代わって，情報こそが資

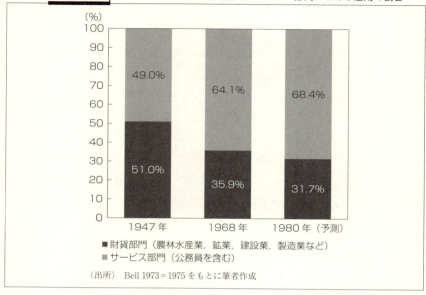

CHART 図2.1 アメリカの財貨部門とサービス部門における雇用の割合

■ 財貨部門（農林水産業，鉱業，建設業，製造業など）
■ サービス部門（公務員を含む）

（出所） Bell 1973＝1975をもとに筆者作成

源になるとされたのである。

　また，アメリカの未来学者トフラーも，ベルの脱工業社会論に近い議論を展開している。トフラーは1980年に発表された主著『第三の波』のなかで，人類の発展段階を第一の波（農業社会），第二の波（工業社会），そして第三の波からなる段階に区分し，現代社会は第二の波から第三の波へ移行しつつある段階であると主張した。そしてこの第三の波は，人々に新しい生活様式をもたらす変化として論じられた。そこで語られる未来像は，再生可能エネルギーを用いた新しい生産方式や，通信技術を活用した職住一致の生活スタイル，自らの生活に必要なモノやサービスを自分自身で生み出す生産＝消費者の出現，選択可能な多様な家族のあり方など，多岐にわたる。

　このなかでトフラーは，第三の波におけるメディアや情報技術の重要性を繰り返し強調した。具体的には，ミニ雑誌やケーブルテレビ，ゲーム，衛星放送などの多様なメディアが，新聞・テレビといった既存のマス・メディアによる情報流通の独占体制を崩壊させ，画一化したメディア環境を新しいものに置き換えていくだろうと予測した。また，コンピュータと通信網の発達によって通

勤から解放された人々は，職場よりも家庭や地域社会での人間関係を強め，伝統的な共同体を復活させるだろうと，未来予測を展開した。

技術決定論と社会構築主義

これら情報社会論の提唱者に共通して見られるのが「メディアや情報技術が社会に変革をもたらす」という強固な信念である。そして多くの場合，その変革は文明の発展段階，すなわち「良きもの」として語られた。こうした語りは技術決定論と呼ばれ，後に批判を受けることになる。技術決定論を批判する論者たちは「技術が社会を発展させるというが，その技術を生み出したのは誰か？」と問いかけながら，技術が一方的に社会を変える過程ではなく，社会が技術を生み出し，また社会のなかで技術が変容していくありようを詳細に描き出すことで，技術決定論に対するオルタナティブな視点を提示した。

たとえばアメリカにおける電話の歴史を記述した社会学者のフィッシャーによると，20世紀初頭にアメリカで電話が事業化された後もしばらくの間，電話は企業内にビジネス用途で設置されるのみであり，一般の人々の多くは電話の有用性を理解することができなかったという。電話事業者たちは一般家庭にも電話の有用性をアピールするべく，電話回線を通して「ニュースやコンサート，教会の礼拝，天気予報，店のセール情報……スポーツの結果や，汽車の到着時刻，目覚ましコール，夜警の出勤要請」（Fischer 1992＝2000：87）といったサービスを展開するなど，さまざまな試行錯誤を行った。しかし，それらの多くはあくまで電話を実用的な道具としてアピールするための試みであり，電話を私的で社交的な会話のためのメディアとして位置づける考え方は，この段階ではまだ広がっていなかった。

ところが1920年代半ば以降，電話事業者たちは特に用件のない個人的な会話，すなわちおしゃべりのためのメディアとしての電話の利用法を発見する。それまで実用性と緊急時利用の有用性を前面に押し出し，電話を私的な会話のためのメディアとして位置づけることにはむしろ難色を示していた電話事業者たちは，顧客獲得のために「電話は緊急の際に活躍します。しかし，それだけではないのです。電話線を伝って，友情の道がつながることもあるのです」（Fischer 1992＝2000：103）といったプロモーションを行うようになった。その

3　情報社会論とインターネットの系譜　● 27

結果，利用者たちも，次第に家族や友人との私的な会話のために電話を利用しはじめる。こうして19世紀末から20世紀前半にかけて，電話はビジネスのみならず，社交のためのメディアとしても機能するようになっていったのである。

技術が社会を変えると主張する技術決定論に対して，フィッシャーのように，ある社会状況のなかで利害を異にする人々が折衝を繰り返すプロセスが，結果として技術の使い方を決定づけていくとする考え方を，**社会構築主義**と呼ぶ。さらにメディア研究者の水越伸は，こうした社会構築主義的な歴史研究に示唆を受けつつ，社会や人間がメディアをいかにデザインしていくかを考える視座の重要性を唱え，これをソシオ・メディア論と呼んだ（水越 2002）。

グローバリゼーションに対する批判的視座

情報社会論に対するもう1つの批判的視座として，先進国や多国籍企業が主導するグローバリゼーションへの批判が挙げられる。グローバル化が進展するなかで，企業の活動はもはや一国にとどまらない広がりを見せており，世界中で商品や情報が流通する仕組みがつくりあげられている。このなかで，強大な資本力を持つ多国籍企業は，メディアを通して自らの商品イメージを大量に流通させ，母国以外の多くの国でも支配的なシェアを獲得してきた。たとえば現在では，世界の多くの国でハンバーガーやフライドチキンやコーラを口にすることができ，また世界の多くの国でハリウッド映画のDVDを，日本製や中国製のプレーヤーで再生することができる。

こうした情報や商品の世界的な流通は，一部の先進資本主義国のイデオロギーを「良きもの」として世界中に摺り込みかねない危険性を秘めていると，批判者たちは主張する。たとえばチリで文学研究・文化研究を行っていたドルフマンとマトゥラールは，世界中のどこでも観ることができるディズニー作品に内包された先進国のイデオロギーについて分析した。彼らはディズニーのマンガ作品を詳細に読み解きながら，そこで描かれている世界はまさしく工業生産の欠如した，原材料生産とサービスの提供のみで成り立っている世界であり，それはアメリカの支配階級が望んだ理想の世界像であると同時に，彼らが第三世界に押しつけてきた現実の姿でもあると論じた（Dorfman & Mattelart 1972＝1984）。ただし，こうしたメディア・コンテンツが本当に先進国のイデオロギ

ーを広める役割を果たしているのかについては，異論も提示されている（詳しくは Tomlinson 1991＝1997 を参照）。

情報化がもたらす格差の拡大

このように，ネットワークが整備され，流通する情報や商品の量が爆発的に増大しても，その質については慎重に検討する必要があると批判者たちは指摘する。強大な資本力を持つ先進国や多国籍企業に都合のよい情報でネットワークが埋め尽くされれば，各地域に固有の文化が破壊されるだけでなく，人種や階級，性別などによって不利な立場に置かれ，情報にアクセスすることすらままならない人々との格差が，さらに拡大するかもしれない。

このような格差の拡大は，不利な立場に置かれる人々の目には見えない形で進行する。彼らにとって，ネットワークの整備とそれに伴う情報量の増加は娯楽の増加とほぼ同義であり，あくまで自らの生活を楽しくする選択肢が増えるプロセスとして経験されるからである。たとえば社会心理学者の仲田誠は，1980 年代のコンピュータネットワーク利用者やケーブルテレビ利用者の実態調査から，利用者の多くが求めていた情報は競馬情報，映画等の催物案内，クイズ，ゲーム，趣味などの娯楽情報であった点を指摘している（仲田 1997：70-71）。それに対して，高い水準の教育を受けた階層の人々は，世界中に張りめぐらされたネットワークを駆使して，資源としての情報を入手・活用し利益を上げることができるため，経済的に恵まれた環境にいる人々はますます豊かになっていく。

スペイン出身の社会学者カステル（⇨章末 Bookguide）は，情報都市という概念を用いてこのような格差の拡大を論じた（Castells 1989）。世界中にネットワークが張りめぐらされ，さまざまな企業が国境を越えたグローバルな活動を展開しはじめる一方で，その本社機能はむしろニューヨークやロンドンといった大都市に集中する傾向にある。これらの大都市は高度な技術を持つ専門家を多く抱えており，世界中から集まる情報を管理・整理し，同じく大都市に集中する顧客の利益を見据えながら，世界各地に向けて次の戦略を打ち出す司令塔の役割を果たしている。つまり資本主義社会においては，ネットワークが人々をグローバルにつなげばつなぐほど，資源としての情報はその中心となる都市＝

3　情報社会論とインターネットの系譜　● 29

情報都市に集中するようになり，その情報を使って富を生み出すことができる人と，娯楽の享受のみにとどまる人との間の不均衡は，世界レベルで拡大していくことになるのである。

中央集権型ネットワークから分散型ネットワークへ

　このようにさまざまな批判を受けながらも，技術決定論的な情報社会論はアメリカを中心とした先進各国に大きな影響を与え，これらの国々では情報ネットワーク構築のための巨大プロジェクトが進められるようになった。その代表例が，1993 年にアメリカ政府が打ち出した「情報スーパーハイウェイ構想」という，全米中のコンピュータを高速通信回線で結ぶ計画である。この計画を提唱した当時のゴア副大統領は，アメリカの民主主義を分散型のコンピュータシステムにたとえて表現し，分散した個人を効率的に結びつけるネットワークの構築こそがアメリカをさらに進歩させるだろうと強調した（Gore 1991 = 1994）。結局，政府主導のこの構想は実現せずに終わったが，企業や家庭にある膨大な数のコンピュータを相互につなぐネットワークを構築し，大量の情報をやりとりできる環境を創り出そうとした構想は反響を呼び，その後，民間主導によるインターネットの急速な整備拡大を後押しすることになった。

　インターネットとは，もともと閉じたネットワーク同士を相互に（inter）つなぐネットワーク（net）として考案されたものであった。このインターネットの起源は，1969 年にアメリカ国防総省が始動させたアーパネット（ARPA-NET）にあるといわれている。それ以前にも，企業や組織内にある複数のコンピュータをつないでデータを共有したり移動させることは行われていたが，それはあくまで情報が蓄積されたメインコンピュータにアクセスしてそのデータを引き出すことができるだけの，中央集権型の閉じたネットワークであった。アーパネットが革新的だったのは，組織内で閉じていたネットワーク同士をつなぐことで，所属する組織を越えて情報にアクセスできるネットワークを構築した点にある。アーパネットには中心となるメインコンピュータは存在せず，代わりに各端末が自由に内外のネットワークにアクセスし，情報をやりとりすることができる分散型のネットワークが張りめぐらされた（図2.2）。このように，それぞれのネットワークが分散して全体のネットワークを支えることで，

30 ● **CHAPTER 2** ネットワーク化の来歴

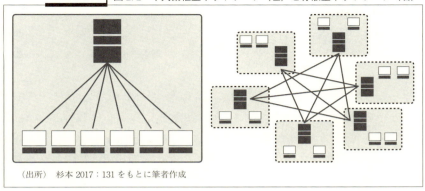

図2.2 中央集権型ネットワーク（左）と分散型ネットワーク（右）

（出所）杉本 2017：131 をもとに筆者作成

ある箇所で通信障害や情報の渋滞が起きても，別のネットワークを経由させて途切れることなく情報を伝達することが可能となったのである。

ユーザーたちがつくるネットワーク

アーパネットのもう1つの特徴は，そのオープンな構造にあった。当初アーパネットがつないだネットワークは，アメリカ国内の大学や研究機関，政府組織などが主であったが，これらの機関に所属する研究者，特に若い大学院生らは，このネットワークを利用するなかで生じたさまざまな問題を共有し，情報交換をしながら，それらを解決するための知恵を出しあい改良を重ねていった。その意味で，アーパネットは国防総省の科学者や技術者たちがつくりあげたネットワークではあったが，実際は軍事目的というよりは，専門家たちによる技術追求の結果として生み出され，育てられたものであったと言える（喜多 2003; Castells 2001 = 2009：23-33）。

また1969年前後のアメリカでは，カウンター・カルチャーと呼ばれる反体制文化が花開いており，そこから音楽やアートなど，さまざまな表現が生み出されていた。この時期，既存の社会体制に反抗する若者たちにとって，コンピュータは政府や大企業などの組織にとらわれない個人の自由な表現を可能にする技術であり，価値観を共有する仲間たちとのつながりを可能にする技術でもあった。コンピュータに魅せられた若者たちは，アーパネットとは別に，自ら自由でオープンな草の根ネットワークを築き上げ，情報共有をしながら，コン

ピュータやネットワークをより使いやすいものへとつくり変えていった。ユーザーは単なるお客様ではなく，コンピュータ文化を支える創造的な主体であるという思想は，その後のインターネットにも受け継がれることになる（古瀬・廣瀬 1996）。

　アーパネットは次第に規模を拡大し，軍や研究者たちのコミュニティから民間へとそのネットワークを広げていった。また，アーパネット以外のネットワークとも連携しながら，TCP/IP（現在も使用されているインターネットの通信方式）の確定や，WWW（ワールドワイドウェブの略。ハイパーリンクをたどりながらコンピュータ上に情報を表示させることのできるアプリケーション）の開発など，その後のインターネットを支える基盤をつくりあげていった。そのアーパネットは 1990 年に役割を終え，以降は研究目的，商業目的などのさまざまなネットワークが，アーパネットが築いたネットワーク同士をつなぐ技術＝インターネットを介して網の目状につながっていった。さらに 1995 年，その後爆発的に普及する OS（コンピュータを制御するもっとも基本的なソフトウェア）である Windows 95 の登場や，その Windows 95 にインターネットエクスプローラー（Windows 用のインターネットブラウザ）が標準搭載されたことなども重なり，1990 年代後半以降，インターネットは一般の個人も利用できる世界的なネットワークとして拡大することになるのである。

4 メディアを使ってつながりを創る

▌個人をつなぐネットワークの可能性 ▌

　本章で見てきたように，16 世紀における大量印刷技術の登場から 20 世紀後半におけるテレビの普及に至るまで，マス・メディアは「国民」という巨大なつながりを創り出してきた。それに対して，脱中心的で個人が主体的に関わることのできるつながりとして，現在のインターネットを支えるネットワークは語られ，拡大してきた。

　このようなネットワークの語り方に対しては，技術が社会を発展させるとする技術決定論的な立場や，グローバルなネットワーク化がもたらす格差の拡大

など，さまざまな観点から批判がなされてきた。近年ではそれらに加えて，監視社会化の問題なども提起されている（⇨第7章）。

　では，社会のネットワーク化は危険で批判されるべきものなのかと言えば，そう結論づけるのも早計だろう。たとえばカステルは，社会のネットワーク化が進行することで経済的格差が拡大するであろう点を認めつつも，ネットワークを介した個々人のつながりに可能性を見いだし，以下のように述べている。「ネットワークされた個人主義は，社会的なパターンであり，バラバラの個人の集合ではない。ここでは個人は，関心，価値観，プロジェクトにもとづいてオンラインとオフラインでネットワークを形成する。インターネットは柔軟であり，高い伝達能力を持つため，社会組織全体においてオンラインの社会的相互作用はますます大きな役割を演じるようになる」（Castells 2001 = 2009：150）。ネットワークによってつながった個人が，そのネットワークを使って表現し，時には組織をつくって人々を動員しながら大きな運動を巻き起こし，社会を変革する可能性について，カステルは肯定的に論じた。

メディアと私たちの関係をとらえなおす

　ネットワークを介してつながった個人が，国家に対して働きかけうる大きな運動体になっていくだろうというカステルの主張は，現在さまざまな形で現実のものになりつつあり，今やインターネットと社会運動は不可分の関係になっている（津田 2012）。何より，いくら危険視したところで，私たちはもはやネットワークから逃れて生きることはできない。「もしあなたがネットワークに無関心でも，ネットワークはあなたに関心を持っている。あなたが社会の内部で，今この瞬間，この場所に住みたいと思うならば，あなたはネットワーク社会に対処しなければならない」（Castells 2001 = 2009：315）のである。

　メディアがもたらすつながりは，「国民」のような大きなものから，SNS上で可視化される小さな人間関係まで，さまざまである。しかし，メディアはあくまで道具であり，私たちはその技術をうまく利用したり，批判的に向き合ったりしながら，時にメディアが生み出すつながり自体を組み変えていくことも可能であるということを，メディアの歴史は教えてくれる。さらに，国家や大企業が押しつけるものとは異なる新しいメディアの使い方やつながり方を模索

するような実践活動も行われるようになっている。たとえばメディア研究者の小川明子は，参加者がファシリテーターと対話や遊びをしながら，日常生活で感じるふとした想いを物語化し，メディア上で表現するワークショップを各地で展開している。そこでは，メディアを使って表現するプロセスを通して，参加者とファシリテーターの間に深い共感＝つながりが生みだされている（小川2016）。メディアを使ってつながりを創り出し，社会を変える可能性は，常に私たちに向かって開かれているのである。

さらに学びたい人のために　　　　　　　　　　　　　　Bookguide ●

●入門書

▶佐藤俊樹，2010『社会は情報化の夢を見る──ノイマンの夢・近代の欲望〔新世紀版〕』河出文庫

　　情報社会はどのように語られてきたのか，またその語りはどのような社会構造のなかから生み出されてきたのか，社会学的に記述した一冊。

●理論家ガイド

　　マーシャル・マクルーハン（1911-1980）はカナダの英文学者である。1962 年に出版された The Gutenberg Galaxy: The Making of Typographic Man（『グーテンベルクの銀河系──活字人間の形成』みすず書房，1986 年）や，続く 1964 年の Understanding Media: The Extensions of Man（『メディア論──人間の拡張の諸相』みすず書房，1987 年）などを通して，マス・メディアが伝える情報の内容ではなく，メディアそのものが人間や社会に及ぼす効果について論じ，今日に至るメディア論の基本的な視座を確立した。

　　マニュエル・カステル（1942-）はスペイン生まれの社会学者である。マルクス主義の流れを汲む新都市社会学の旗手として注目を集めたが，1980 年代以降は，情報環境の劇的な変化と経済的・文化的な構造変容，ならびにそのなかで展開される社会的実践について論じた。情報都市論やネットワーク社会論と呼ばれる独自の理論を展開するようになった。彼のネットワークに対する考え方については，前述したマクルーハンの主著に倣ったThe Internet Galaxy: Reflections on the Internet, Business, and Society（『インターネットの銀河系──ネット時代のビジネスと社会』東信堂，2009 年）がわかりやすい。

●最新の学術論文

▶田中大介，2015「現代日本のコンビニと個人化社会──情報化時代における『ネットワークの消費』」『日本女子大学紀要 人間社会学部』26，25-39

CHAPTER 第3章

モバイル・デバイスの来歴

場所感覚の喪失と創出

INTRODUCTION

　想像してみよう。たとえばあなたが友人と電車に乗っていて，それぞれがスマートフォンを使って時間つぶしをしていたとする。二人は同じ場所に居合わせてはいるが，互いに別のことに夢中になっていて，会話もしなければ目も合わせない。では，そうした状況で数十分を過ごしたとき，二人はいったいどの程度「一緒にいた」と言えるのだろうか。本章で考えたいのは，このような状況である。もちろん，妄想するのであれ本を読むのであれ，一緒にいながら別々のことをする状況ならば昔からあった。けれども，スマートフォンに代表される今日のモバイル・デバイスは，それを用いる人々の状況をさらに複雑にしている。固定電話からの歴史を概観することで，この状況の変化について考えてみよう。

> **KEYWORD**
>
> 固定性／移動性　場所　相互行為　舞台上／舞台裏　道具的／自定的利用

1　モバイル社会への前奏

固定性から移動性へ

　「モバイル」という言葉の意味を説明する必要がないくらい，今の人々は固定されていたものを持ち運ぶことに慣れている。この変化を象徴しているのが電話で，かつては家庭に据え置かれるのが当然だったそれは（**固定性**），今では移動しながら持ち歩くものと認識されているだろう（**移動性**）。別言すると，人の流れや雇用の仕方のみならず，私たちが使う道具も流動化しているわけだが，この変化を，本章ではアメリカのコミュニケーション学者，メイロウィッツ（⇨章末 Bookguide）の議論を補助線に引くことで検討したい。

　メイロウィッツは主著『**場所感の喪失**』（Meyrowitz 1985＝2003）のなかで，ゴフマン（⇨章末 Bookguide）とマクルーハン（⇨第 2 章 Bookguide）という 2 人の学者の理論を融合し，新しいメディアの浸透がもたらす人々の行動の変化について考察している。

　一方のゴフマンは，人々の日常的なふるまいを演劇に見立てた社会学者である。「この世は舞台，男も女もみな役者だ」というシェイクスピアの言葉を地でいくように，『**行為と演技——日常生活における自己定義**』（Goffman 1959＝1974）のなかで彼は，ドラマツルギーと呼ばれる視点を社会学の研究にもちこむ。人と人とが物理的に居合わせる**相互行為**の状況を舞台にたとえ，いかにして人々が破たんなく／協力してその状況を上演しているのか，つまり，その場その場の社会的な秩序をどうやって維持しているのかを，**舞台上**と**舞台裏**，パフォーマーとオーディエンスといった概念装置を用いて詳細に分析した。

　他方のマクルーハンは，メディアは人間の一部が拡張したものという視座を示した英文学者だ。『**メディア論——人間の拡張の諸相**』（McLuhan 1964＝1987）のなかで彼は，メディアを「人間に与えられた能力を外化したもの」ととらえ

38 ● **CHAPTER 3** モバイル・デバイスの来歴

て人類の発展史を描く。たとえば，ことばは人間の考える能力を外化したものであり，発展して印刷術となる。車輪は，歩く能力を外化した足の拡張物として自動車に発展する。同様に，住居は温度調整メカニズムの拡張として，電話は耳と声の拡張として理解できる。そしてこうした人間拡張の歴史の末に，ついには中枢神経組織（脳）までもがコンピュータによって拡張されるだろうという未来予測をのこした。

　メイロウィッツはこの2人の研究から深い影響を受けたが，同時に大きな不満を感じてもいた。たとえば，「ゴフマンは対面的相互行為の研究にのみ集中し，彼が描いたさまざまな変数に対するメディアの影響や効果を無視したが，それに対しマクルーハンは，メディアの効果にのみ注目して，対面的相互行為の構造的局面を無視したのだった」（Meyrowitz 1985＝2003：28）と彼が指摘するとき，そこには相互行為論とメディア論という2つの研究領域が，それぞれ独立して行われてきたことへの不満が表れている。そしてその理由として，メイロウィッツは「現実生活対メディア」という人々の「伝統的なものの見方」が影響していたのではないかと推察している（同書：28）。

　なるほど，確かに私たちは今でも，現実生活とメディアを対立するかのようにとらえることがある。たとえば「ゲームばかりしていないで現実を見ろ」というとき，そこにはコンピュータゲームへの接触が現実の体験とは別のものであるという想定があるだろう。けれども，ゲームに触れる体験もまた現実生活の一部と考えられるし，メイロウィッツのアプローチも現実生活とメディアを「連続体的」（同書：11）にとらえる点に特徴がある。

┃ 場所感覚の喪失 ┃

　メイロウィッツの考えに従えば，メディアは現実に対立するものというよりは，介入するものだ。いわく，電子的なメッセージは，私たちが誰かの家に遊びに行くときのような手順を無視して「夜の泥棒たち」（同書：234）のようにその場に忍びこむ。コンコンと玄関のドアをノックしたり，家の人と挨拶を交わしたりする必要もなく，その情報は物理的な障壁を飛び越えて個人のもとへと到達する。監獄に収容された囚人を例に考えてみるとよい。かつてそうした人々は，物理的にも情報的にも外部から隔離されていたが，「電子メディアに

アクセスできる囚人たちはもはや社会から完全には隔離されていない」（同書：235）。外部の空間から隔離されていても，外部の情報とつながることは可能であるし，実際に「多くの囚人たちが，ラジオやテレビや電話の恩恵を，外の世界と共有している」（同書：235）。このことは監獄という場所のもつ意味を，それ以前とは大きく変えてしまっただろう。

　このように，電子メディアは「かつては参加者たちが同じ場所，同じ時間に居合せたときにだけ利用可能だった情報」を提供し始めることで「『場所』それ自体の意味をつくり直し始める」（同書：229）。たとえばそれは，公的／私的な場所の区分をあいまいにする。「テレビやラジオや電話は，かつて私的だった場所を外部世界からアクセス可能なものにすることによって，より公的な場所に変えてしまう。また，カー・ステレオや，腕時計テレビや，ソニーの『ウォークマン』のようなパーソナルな音響システムは，公的な空間を私的な空間にする」（同書：249-250）。

　あるいは『場所感の喪失』（*No Sense of Place*）という書名が表しているように，それは人々が場所に抱いている感覚の重みを軽くする。電子メディアを介して「おおよそあらゆるところで起きていることが，私たちのもとで，私たちがどこにいようと起きている。けれども，私たちがいたるところにいるということは，私たちは特にどこかの場所にいるわけではないということである」（同書：250）。たとえば電話を介して遠くの人と通話するとき，人はそこにいながらにしてそこから遊離しているのであり，この意味で私たちはどこにでもいるが，どこにもいない。もはやトイレの個室も完全な「個室」ではないのである。

　さて，メイロウィッツがマクルーハンのメディア論を評価したのは，人々の生活に電子メディアが介入することで，ゴフマンが論じたような相互行為の状況そのものが変わってしまうからだった。確かに，電子メディアが生活の隅々に浸透した現在では，対面の状況ばかりを克明に記述したゴフマンの分析は素朴に映る。とはいえ，メイロウィッツの想定した電子メディアとは主にテレビを指しており，彼の問題関心は，そうしたメディアが領域横断的に情報を提供し始めることで，大人と子ども，男性性と女性性といった境界がうすれていく点にあったから，モバイル・デバイスが普及した今日とはいくらか様相が異な

40 ● CHAPTER 3　モバイル・デバイスの来歴

っている。そこで以下では，日本の電話を事例にして，固定電話からスマートフォンまでの社会的な状況の変化を概観したい。

　結論を先取りすると，今日的なモバイル・デバイスの利用に推移するうえで，2つの大きな転機があったと考えられる。1つは，場所の束縛からの解放であり，もう1つは，電話というコミュニケーションからの解放である（松田2008）。順に見ていこう。

 場所からの解放

電話が貴重だったころ

　まず，モバイル・デバイスの利用が当たり前になる以前の，固定電話の常識がどのようにうつろっていったのかを確認しよう。

　固定電話が一般家庭に浸透するのは，実はそれほど昔の話ではない。日本で最初の電話サービスが始まったのは1890年のことで，以降，人々の電話に対する需要は高まっていったが，各家庭に電話機の普及が進んだのは1970年代に入ってからであり，高度経済成長が始まる1955年の段階でも電話の世帯普及率は1％にとどまっていた。現在の常識とはかけ離れている，かつての電話の常識は，大きく3点に分けられる。

　第一に，電話は買うものではなく，レンタルするものだった。国営だった電電公社（日本電信電話公社）の加入者は，指定された電話機を公社からレンタルしなければならず，使用できる電話機の選択肢は限られていた。もっともよく使われていたのは通称「黒電話」と呼ばれるもので（4号電話機または600形電話機，章扉写真〔左〕），長い間，日本で家庭用電話機と言えばその無骨な黒電話を指していた。

　第二に，電話はすぐにつながるものではなく，待つものだった。1979年に全国で電話交換の自動化が完了するまで，電話をかける際はまず交換手と呼ばれるオペレーターを呼び出し，回線を手動でつないでもらう必要があった。長距離電話になると，交換手から交換手へと何度も回線接続のリレーをするので，電話をかけた人は，相手につながるまでの間，我慢して待ち続けるのが当然だ

った。

　第三に，電話は専有するものではなく，貸し借りするものだった。家に電話
のない人は，公衆電話を使うか，電話機のある知人の家で借りるのが一般的で
あり（電話は当時，玄関に置かれることが多かった），通話したい相手が電話機を
もっていない場合は，先方の近所にある電話機をもつ人の家にかけて，相手を
呼び出してもらっていた（これを「呼び出し電話」という）。つまり当時の電話は，
「隣近所のつながりを前提にしなければ機能しない場所拘束性の強いメディア」
（溝尻 2013：73）だった。

　要するに，1970 年代までの日本では，電話はまだ完全には各世帯に普及し
ておらず，通話に煩雑な手続きも残存していた。だからこそ，人々は高いお金
を払ってでも電話機を家に置きたかったのだし（ちなみに，1970 年代後半の電話
の加入権は 8 万円であり，それは当時のサラリーマンの初任給とほぼ同額であった），
通話の際には無駄な会話はなるべく省いて，用件を伝えたらすみやかに回線を
切るのが暗黙の了解になっていたのである。

▎道具的利用から自足的利用へ▎

　しかしこの「長電話＝罪」といった感覚は，1980 年代を通じて社会的な常
識ではなくなっていく。電話が家にやってくるということは，それが日常の道
具に変わることでもある。そして多くの家電がそうであるように，日常化した
電化製品はそれ自体の利用価値が高められていく。背景には，電話をめぐる法
制度的な変化も大きく影響していた。

　電電公社が社名を日本電信電話株式会社，一般呼称 NTT（Nippon Telegraph
and Telephone Corporation）に変えて民営化するのは 1985 年のことで，以後は
通信市場が自由化され，民間の会社も電話事業に参入できるようになった。こ
れに伴い，電話は大きく 2 つの方向で新しいイメージを獲得していく。1 つは
通話の娯楽化であり，NTT は 1986 年に「毎月 19 日はトークの日」と銘打っ
て，親しい人とのおしゃべりを楽しもうという広告キャンペーンを展開した。
もう 1 つは電話機の商品化であり，従来からの「黒電話」のイメージが払拭さ
れて，豊富なカラーリングと凝ったデザインの電話機が市場に出回り始めた。
こうして商売人のための事務的な道具とみなされていた電話は，若者も楽しめ

るおしゃべりのツールとしての意味あいを強め，**道具的利用**（＝用件を伝える）以外の**自足的利用**（＝会話自体を楽しむ）にも開かれていく。

　だが通話を楽しむ機運の高まりは，思うように通話を楽しめない不満にも人々の目を向けさせる。この意味で長電話の楽しみを妨害する最大の「敵」は家族だった。すなわち，電話をかける際には相手の家族に嫌われないように気をつかう必要があるし，自分の家族に会話を聞かれるのも居心地が悪い。自分が話しているときはいつまでも話し続けていたいが，家族の誰かが長々と話していたならイライラする。現に，国民的なマンガ作品として知られる『ドラえもん』には，電話が家族の共有スペースに置かれ，椅子をもちこみながら長電話をしたがる親子のせめぎあいがしばしば描かれているが——たとえば，のび太が家の廊下で長電話をしていると，ママ（母の玉子）が怒って電話をとりあげるが，今度はママが長電話をはじめるので，のび太が理不尽を感じるというシーン（藤子 1990：77）——，こうした光景は 1970 年代以降の日本ではめずらしくなかった。ここには，電子メディアが公的／私的な場所の区分をあいまいにするというよりは，反対に人々の側が，それを利用している場所を私的なものへとつくり変えようとする涙ぐましい努力が表れている。

┃ 心地よい場所を求めて ┃

　だとすれば，当時の人々の主たる関心は，いかにして電話を楽しむ個室的な環境をととのえるかである。電話の進歩が人々の不満の高まりに追いつかないのなら，それは個人の工夫で解消するしかない。電話機が家庭の共有スペースに固定されていて気まずい思いをするなら，それ以外を移動させて対応するしかない。このとき，人々が採りうる方法は大きく 2 つある。つまり，自分が移動するか，部品を移動させるかだ。

　前者は公的空間の個室化，たとえば個室化しやすい条件（夜間で人気（ひとけ）がないなど）の電話ボックスを探して居座る場合が相当する。こうした利用法を後押ししたのが，1982 年に登場するテレホンカード（公衆電話用のプリペイドカード）だった。ただしそれは事業者にとっては意図せざる結果である。なぜなら，もともとは利用者側の小銭を用意する負担を省き，料金回収の手間も省いて，盗難防止につなげる目的で導入されたものが，公共空間を占拠する逸脱行為を助

長したからだ。しかし親や知人に見つからずに長電話を楽しもうとする点では，夜中に集まってくる利用者たちは一種の共犯関係にあったのだから，自分の電話の番を待つ苦労はあっても，大きなトラブルには発展しにくかったのかもしれない。吉見俊哉が1989年に行った生活史調査によると，そうした利用は，特に都市部周辺に居住する若者に目立っていた。

> 中学生の頃だったと思う。一人前にガールフレンドのできた自分は，家族みんなが集まる部屋にあった電話を利用するのが億劫であった。そんな時は必ず公衆電話か，家族の者が出払っている時に使うようにしていた。そんな時，やはり事情のありそうな若者が長々と話していたりして，公衆電話を使うのには忍耐が必要であった。もちろんこの逆もあり，そんな時は待つ人を無視する図太さも必要であった（大学3年，男）。（吉見・若林・水越 1992：89-90）

後者は個室へのもちこみ，つまり，あらかじめプライバシーが確保されている場所（風呂やトイレなど）までコードを引っ張って電話をする場合が相当する。このような行為は以前から行われていたが，1987年の電波法の改正に伴ってコードレス電話が販売されるようになると，子機を使って自室から電話できる環境が急速にととのい始めた。つまり条件付きではあるものの，自分専用の電話がもてるようになり，人々は電話線から解放されて，まるで自分たちの部屋どうしが直接つながるような感覚を味わったのである。

以上の例からわかることは，携帯電話の普及以前から，それを求めるような動きが人々のなかに芽生えていたことだ。この動きは物理的な場所からの解放というよりも，社会的な場所からの解放と呼ぶほうがふさわしい。なぜなら，そのねらいは特定の場所を離れること以上に，家族や地域共同体のまなざしから離れることにあったからである。そして，電話機の設置場所が玄関→居間→個室へとスライドし，その所有が家庭に1台から部屋に1台へと移り変われば，一人に1台の携帯電話の時代はすぐそこであり，実際，コードレス電話の子機が独立して発展するなかで，携帯電話の親せきのような存在であるPHS（Personal Handy-phone System）は誕生している（1995年）。電話が「家メディア」から「個メディア」へと（奥野 2000）移行しつつあったこの時期，固定電話への

44 ● CHAPTER 3 モバイル・デバイスの来歴

不満と，よりよい使い心地を求める探求心とが，コードレス電話から携帯電話への技術的な流れを水路づけていたのである。

電話からの解放

通話しないモバイルへの離陸

　次に確認したいのは，モバイル・デバイスの利用が当たり前になるまでの間に，携帯電話がどのように「電話らしさ」を失っていったのかである。

　皮肉なことに，どこの家にもようやく電話が行きわたるようになるころには，すでに電話は「家出」の準備を始めていた。初期の携帯電話（1987年）は，自動車電話（1979年）を肩掛けできるようにしたショルダーホン（1985年）を小さくすることで誕生する（図3.1）。この間に重量は3 kgから900 gまで軽くなったが，手にもつと人間の顔の長さと変わらないほどで，携帯電話が人々の手にしやすい大きさ・重量になるのは，1994年の端末買い取り制の導入以後であった。このころから固定電話の場合と同様に，携帯電話機は（レンタルではなく）ショップで購入できるようになり，購入費や維持費も手の届く価格に落ち着いて，道具的利用から自足的利用へと通話のイメージが書き換えられていく。

　けれども実際には，当時の人々は移動中の通話をそれほど楽しめなかった。大きいのは公共マナーの問題だろう。特に日本は，諸外国と比べると公共の空間で「うるさくしてはいけない」という規範が強く，1979年に世界初の携帯音楽プレーヤーであるウォークマン（WALKMAN）が登場したころから，すでに「音漏れ」が社会問題となっていた。これと同様に携帯電話も，普及の当初から電車内での通話のマナーが問題視されたのである。しかしその一方で，このころから通話以外のコミュニケーション・ツールとして台頭し始めるメディアがあった。「呼び出しベル」の異名をもつ，ポケットベル（正式名称はページャー）である。

　ただしそれは，はじめから交流を楽しむメディアとして登場したわけではない。初期のポケットベルはトーンオンリー型といって，先方からの呼び出しが

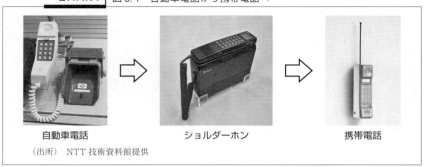

CHART 図3.1 自動車電話から携帯電話へ

自動車電話　　ショルダーホン　　携帯電話
（出所）　NTT技術資料館提供

あると音が鳴るだけの単なる受信機であり，医療機関や営業職で手わたされる緊急用の連絡ツールという印象が強かった。しかし1987年にディスプレイ型が発売されると，先方が電話機のプッシュボタンから数字を入力すれば，ポケットベルの液晶画面にその数字が表示される仕組みが加わる。この仕組みは，先方がかけ直してほしい電話番号を入力することを想定してつくられた。けれども当時の女子高生を中心に広まったとされているのは，それとは別の，入力した数字を文字に見立てる利用法だった。

「ベル文字」と呼ばれたその見立ては，多くが「084」（オハヨー）や「14106」（アイシテル）などの単純な語呂あわせだったが，「210 1442 14-7」（ズット イッショニ イヨーネ）のように，つなげあわせるとちょっとしたメッセージも送ることができた。こうした利用をヒントに，企業は入力した数字をカナ文字に変換できる機能を追加し，ポケットベルは1990年代の若者文化を象徴する流行現象へと育っていく。つまり，初のディスプレイ型ポケットベルの登場から7年ほどのうちに，それは文字のやりとりを楽しむ愛らしいコミュニケーション・ツールに変わるのである（図3.2）。

ポケットベルの不便な快適さ

重要なのは，当時の若者がメッセージの内容以上に，つながりそれ自体を楽しむ傾向にあったことだろう。岡田朋之と羽渕一代が行った当時のインタビュー調査は（岡田・羽渕 1999），ポケットベルでの交流を楽しむ若者の繊細な心情を聞き取っている。

CHART 図3.2 ディスプレイ型ポケットベルの変化

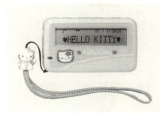

（出所）　左：NTT 提供，右：共同通信社提供

【大阪ミナミ，アメリカ村三角公園，1997 年 1 月】
——PHS とか携帯欲しいと思う？
少年　思う，お金があれば。
——携帯とか PHS 持ったらポケベルどうする？
少年・少女　持っとく。
——なんで？
少年　えぇ，なんか離されへん。
少女　なぁ。さみしいなぁ。鳴らへんだったらなあ。
——電話でも鳴るやん。
少年　ちゃう。なにか……，ポケベルだけのなんかってあるねん。
少女　電話やったらな，「おはよう」なんかできへんもんな。
少年　そうそうそう。

（岡田・羽渕 1999）

　ここで語られている「ポケベルだけのなんか」とは，一見すると，長電話と同じ魅力であるように思える。すなわちポケットベルの場合も，特に伝えたい用件がなくても，ただやりとりを交わしていること自体が楽しい。だが，同じように自足的利用に魅力を感じていても，通話と文字では，コミュニケーションの性質が大きく異なっている。
　電話のメディア特性は，目の前にあるリアリティを遊離して，回線の向こう側にあるリアリティへと接続する点にある。それはこちらの状況とあちらの状

3　電話からの解放　●47

況に対する二重の配慮を要求する。特に携帯電話は，互いがいつでも，どこからでも連絡がとりうるからこそ，自分と相手の置かれた状況に敏感にならざるをえない。言い換えれば，通話は半ば強制的に，自分と相手を同期的なコミュニケーションの渦に巻きこむ性質をもっている。

　対して，文字には文字のわずらわしさがあるものの（相手の感情が読みにくいなど），そこには通話ほどの押しつけがましさもなく，それでいて即時にやりとりすることもできる「適度な距離感」（栗原 2003）があるだろう。またディスプレイ型のポケットベルは，受信の際に呼び出された相手を液晶画面で確認できる点で，着信時にかかってきた相手を見てから対応を決める「番通選択」（岡田・松田・羽渕 2000）のあり方も先取りしていた。相手を気づかう心理的負担が少なく，自分の都合でどう返信するかを選べる。おまけに，近くの公衆電話まで歩いてベルを打つささやかな苦労が，それ自体で相手に対する好意を伝えてくれたりもする。こうした点でポケットベルでの交流は，通話にはない別の魅力を有していた。

　1995 年には早くもポケットベル機能を搭載した携帯電話機が登場し，SMS（ショートメッセージサービス）にその役割が交代することで，「ベル友」と呼ばれた文化の短い歴史は終わる。けれども，今日の Twitter や LINE に至るまで，ポケットベルに端を発する短文コミュニケーションの文化は，少しずつ意味あいを変えながらも脈々と受け継がれているだろう。

コミュニケーションから「生活インフラ」へ

　こうして見ると，モバイル・デバイスが日本で使い勝手のよいものとなるためには，そのやりとりの一切がディスプレイに表示され，音を出さずに確認できることが重要だったと考えられよう。そして偶発的なきっかけではあるものの，聴覚よりも視覚をもとにした，つまり液晶画面で交わすコミュニケーションが人気を博したことは，以後の携帯電話が「小さなパソコン」として発展していくうえでも決定的なターニングポイントであったと考えられる。

　実際，ポケベル以後の携帯電話は高度な情報デバイスとして機能を拡充していく。背景には，情報通信技術の発展に伴う通信回線の高速化（ブロードバンド化）と，料金体系における従量制から定額制への移行があった。企業として

は，携帯電話が国民の大半にいきわたったことで，利用者を増やすことよりも，一人当たりの徴取金額を増やすことへと，ビジネスモデルを転換させるねらいもあっただろう。

　機能の拡充で先鞭をつけたのは，コミュニケーションを便利に／楽しくする機能である。特に画期的だったのは，インターネットとカメラの結びつきだ。1999年にウェブに接続して独自のコンテンツを利用できる「iモード」が登場し，2000年にカメラ機能付きの携帯電話が発売された翌年には，撮った画像をそのままメールで送信できる「写メール」が登場した。この人気を後押しした背景には，気軽に写真を見せ合うコミュニケーションの文化，すなわち，レンズ付きフィルム（使い捨てカメラ）の「写ルンです」（1986年〜）や，1995年からゲームセンターに設置されたプリクラ（プリント倶楽部）の隆盛がある（岡田2006：41-42）。当然，無料の画像共有アプリであるInstagram（2010年〜）の人気も，こうした流れの延長線上に位置づけられよう。

　続いて，暮らしを便利に／楽しくする機能が加わる。特に音楽の再生は，友人同士で聴かせ合う以外に，移動中の退屈さを紛らわせるうえでも重宝された。1996年に着信音を自作できるサービスとして始まった「着メロ」は，ほどなく市販の楽曲のサビを着信音にできるサービスへと発展する。この延長で，2002年には音質をCDに近づけた「着うた」が登場し，楽曲を1曲丸ごと購入できる「着うたフル」（2004年）に発展して，日本の音楽配信サービスをけん引する役割をになった。ほかにも，電子マネーやクーポンが利用できる「おサイフケータイ」（2004年）や，ワンセグ放送のサービス（2006年）などが登場するなかで，携帯電話は娯楽の機能を中心としながらも，個人の暮らしのすべてを丸抱えにする「生活インフラ」（伊藤2012）の役割を強めていく。

　そして2000年代も半ばを越えると，同様の動きが他のモバイル・デバイスにも目立ってくる。つまり，iPod（2001年〜）のような音楽再生機やNintendo DS（2004年〜）のようなゲーム機にも，「それ以外」の機能が充実する。使い勝手の面でも，ウェブ上のサービスを活用するクラウドコンピューティングを前提としたタッチパネル式の通信機器が出そろう。あらゆる用途に利用可能なスマートデバイスの方向がめざされて，持ち運ぶデバイスが異なっても，類似の機能が使える互換性が高まっていく。こうした流れのなかで，多機能ではあ

| CHART | 表3.1 携帯電話の主な機能／サービスの拡充 |

年	機能
1999	i-mode（インターネット）
2000	カメラ機能（「写メール」という名称がつくのは翌年から）
2002	ムービー写メール（動画の送受信）
2002	着うた（着信メロディ）
2004	着うたフル（音楽再生），おサイフケータイ（電子マネー，クーポン）
2006	ワンセグ放送（テレビ）
2006	LISMO（総合音楽サービス），モバゲータウン（無料ゲーム，SNS）
2008	じぶん銀行（預貯金）

っても日本独自の機能が多いフィーチャーホン（2000年代ごろからの多機能携帯電話，いわゆる「ガラケー」）は，パソコン向けにつくられたウェブサイトを閲覧できるフルブラウザに対応したスマートフォンへと移行していくのである。

 居場所感の創出

流動化するメディア環境のなかで

　以上，固定電話からスマートフォンに至るまでの社会的状況の変化を概観した。ここで再度メイロウィッツの議論に立ちかえり，彼が想定していた1980年代当時の状況と，今日の状況との違いを考えてみよう。

　メイロウィッツはゴフマンの舞台上／舞台裏の区別を，マクルーハンの活字／テレビの違いに重ね合わせることで，書物の舞台上的な性格と，テレビの舞台裏的な性格との違いを指摘している。「印刷メディアから電子メディアへの変移は，フォーマルな舞台上もしくは表領域の情報から，インフォーマルな舞台裏もしくは裏領域への変移であり，抽象的な非個人的メッセージから具体的な個人メッセージへの変移である」（Meyrowitz 1985＝2003：186）。すなわち，活字は意味だけを伝えるので，作者も舞台上にいるようにフォーマルに振る舞っていられるが，テレビは映っている人の緊張した素振りなども伝えてしまうぶん，インフォーマルな本音も露呈する。こうした意味で，メイロウィッツにと

って電子メディア＝テレビは舞台裏にあるものをさらけ出すメディアであり，伝統社会において集団ごと，物理的な境界ごとに分断されてきた情報の垣根を取り払う。

けれども彼は，電子メディアから発せられる情報の越境性には言及するものの，メディアそのものが移動する可能性は想定していなかった。現在では，さまざまなアプリを１つのデバイスで利用でき，私たちはそれをどこにでも持ち歩く。この持ち運びの点で，スマートフォンはテレビ的というより書物的なメディアであり，また映像も音声も文章も楽しめる点で，舞台上から舞台裏までの情報を手広く集められるメディアということになるだろう。では，このようなメディア環境の変化は，私たちの相互行為の状況をどう変えたのだろうか。

問題とされやすい状況の変化

固定電話から固定性が失われていく過程を「モバイル化」，携帯電話から電話らしさが失われていく過程を「マルチメディア化」と表現した場合，固定電話からスマートフォンまでの状況の変化は，おおよそ次のように整理できるだろう（図3.4）。

理解しやすいのは，それを利用している当人に意識されやすい状況の変化である。通話を例に考えよう。家庭に固定電話が浸透したころは，より個室的な環境が求められていた点で，プライバシーの問題が意識されていた。けれどもモバイル化の状況が進むにつれて，それは公共マナーの問題に移行していく。携帯電話は程度の差こそあれ，私のいる空間を個室的な空間へと変える。それは私的な空間であれば許されていたはずの習慣が，外部の空間に漏れ出てしまうことでもある。私たちは電話を持ち出すばかりでなく，電話をかけるときの習慣をも「持ち出す」のであるから，携帯電話の利用が増えるほどに，人々の電話をめぐる意識は「プライバシーを守ること」から「公共マナーを乱さないこと」へと反転せざるをえない。

ただしマルチメディア化の状況が進展すると，それ以上にアディクション（常用癖）の問題へと比重が移る。デバイスが多様な用途に使えるようになって，それが生活のすき間を埋める役割を強めれば強めるほど，利用の状況は「中毒」や「依存」といった言葉で意識されやすくなる。

4 居場所感の創出 ● **51**

CHART 図3.4　固定電話からスマートフォンまでの社会状況の変化

媒体	意識されやすい問題	通話時の不安
固定電話	プライバシー	人称的不安（Who?）
携帯電話	公共マナー	空間的不安（Where?）
スマートフォン	アディクション	行動的不安（What?）

モバイル化

マルチメディア化

┃ 通話時に感じる不安の変化 ┃

　他方で，通話の際に相手に抱く不安も変わる。家族や隣近所で電話を使うのが当然だったころは，通話の相手が誰なのかわからない不安（人称的不安）があった。「もしもし，○○さんのお宅でしょうか？」という呼びかけの常套句がそれを象徴している。当時はたとえば，友人と話しているつもりが，（声が似ているので）気づかず親と話しこんでしまうような勘違いが見られた。そのため，自分が話そうとする相手につながったと思われる場合でも，相手が誰かを確認する手続きは欠かせなかったのである。

　ところがモバイル化が進展すると，それは相手がどこにいるのかわからない不安（空間的不安）に変わる。これを象徴するのが「今，電話していても大丈夫でしょうか？」という常套句である。こちらが話したいときに，あちらも話したいとは限らない。いつでも，どこからでも電話ができるからこそ，教室なのか食堂なのかといった，相手のいる場所の状況を問う必要が生じてくる。

　さらにマルチメディア化が進むと，相手が何をしているのかわからない不安（行動的不安）も加わる。モバイル・デバイスでできることは多いから，仕事であれ遊びであれ，相手は邪魔をされたくない何かに没頭している最中かもしれない。通話以外の連絡手段が発達した現在では，わざわざ相手の時間を奪ってまで電話をするのは気が引ける（この不安は，たとえばTwitterのリード文「いまどうしてる？」に象徴されるだろう）。だとすれば今日の電話は，再び自足的利用から道具的利用へと，その役割を回帰させていることになる。

　そしてもちろん，このような不安は通話時に限らない。仮に友人と同じ電車

52 ● **CHAPTER 3**　モバイル・デバイスの来歴

に乗りあわせたとしても，今の私たちはディスプレイをのぞきこんでいる相手の状況を特定しづらくなっている。本を読んでいるのであれば，そっとしておけばよいのだし，電話をしているのであれば，声を出さずに通話が終わるのを待てばよい。けれどもモバイル・デバイスの場合は，画面をタッチしながらできることの種類が豊富で，遠巻きに見ているだけなら，具体的に何をしているのかも，なぜそうしているのかも判断がつきにくい。つまりモバイル化とマルチメディア化という2つの流動化は，相手の状況＝空気を読むことをかつてないほど困難にさせている。

　換言すれば，それはかつてないほどに物理的な場所からの離脱を容易にする。電子メディアがなし崩しに場所の感覚を喪失させるのではない。今や私たちの側がモバイル・デバイスを活用することで，意識的に居場所の感覚をつくりあげているのである。とはいえ，自分が好きな場所で好きなことをしていられる快楽は，裏を返せば，相手がどこで何をしているのかがわからない不安でもある。こうして今日のモバイル・デバイスは，新たな豊かさとわずらわしさを同時に生み出しているだろう。

さらに学びたい人のために | Bookguide ●

●入門書

▶吉見俊哉・若林幹夫・水越伸，1992『メディアとしての電話』弘文堂
　　さまざまに形や利用の仕方を変えていく電話の可能的様態＝ほかにもありえたかもしれない姿を分析した社会構成主義の名著。

▶富田英典・藤本憲一・岡田朋之・松田美佐・高広伯彦，1997『ポケベル・ケータイ主義！』ジャストシステム
　　モバイル・デバイスの今日の状況を見通したかのような，第一線の研究者たちによるユニークな移動体通信研究。

▶岡田朋之・松田美佐編，2012『ケータイ社会論』有斐閣
　　上記の著者を中心にした論考が収録されている，ケータイと社会との関係を考えるために練られたバランスのよいテキスト。

●理論家ガイド

　　ジョシュア・メイロウィッツ（1949-）はアメリカのコミュニケーショ

4. 居場所感の創出　● 53

ン学者。ニューハンプシャー大学教授。主著『場所感の喪失——電子メディアが社会的行動に及ぼす影響』（新曜社，2003 年）は，全米放送事業者協会（NAB）から 1986 年度の電子メディア関連書の最優秀作として表彰されている。

　アーヴィング・ゴフマン（1922-1982）はカナダ生まれのアメリカの社会学者。1982 年にアメリカ社会学会（ASA）の会長を務めた。主著『行為と演技——日常生活における自己呈示』（誠信書房，1981 年）は，ゴフマン社会学の入門編または基礎として，今も読み続けられている記念碑的著作である。

●最新の学術論文

▶仲島一朗・姫野桂一・吉井博明，1999「移動電話の普及とその社会的意味」『情報通信学会誌』16 (3)，79-92

CHAPTER

第4章

コンテンツ・メディアの来歴

ソリッドなスター／リキッドなアイドル

（イラスト：与儀勝美）

INTRODUCTION

　みなさんはメディアに登場する人物に，何らかの思い入れをもったことはないだろうか。擬似的な恋愛感情まではいかなくても，「応援したい」とか「何となくいい！」と思った人が一人くらいはいるだろう。そのとき，そのタレントのことを何と呼べばいいのだろうか。スター？　アイドル？　アーティスト？……その差はいったいどこから生じるのだろうか。

　本章ではその答えをメディアの違いに求めよう。コンテンツは水のように形がなく，それを入れる器によって変わるのである。

> **KEYWORD**
>
> 流動性　アイドル　オーディエンス　テレビ

1　流動化するコンテンツとメディア

┃ アナログレコードは懐古的か？ ┃

　近年，古いメディアであるはずのアナログレコードが世界的に注目を集めている。2014 年の年間売り上げを見るとイギリスでは 18 年ぶりに 100 万枚を突破し，アメリカでは POS データによる統計が始まった 1991 年以降最大の売り上げとなる 920 万枚を記録した。ネット全盛の時代に，意外な印象を受ける人も少なくないだろう。

　これらのレコードには，付随するカードに記載されたコードを専用サイトに入力することでデジタル音源をダウンロードできるものも多く，レコードプレーヤーをもたない人がグッズとしてレコードを買い，音楽自体はデジタルで聴くというケースもめずらしいことではない。中年以上の人々が昔を懐かしんで旧譜を買うだけではなく，新譜フォーマットの 1 つの選択肢としてアナログがリリースされ，新鮮味とともに享受されているのである。もちろんその他にも CD や配信といった多様なフォーマットのなかから，ユーザーは自分の好きなものを選ぶことができる。

　さまざまなコンテンツがデジタル化されることのインパクトについては第 10 章でも論じられている。そもそも「内容」を意味するコンテンツという言葉が重用される背景には次のような状況があると言えよう。すなわち〈音楽＝CD〉のようにある表現とメディアの関係が 1 対 1 で対応しておらず，ドイツのメディア学者ボルツが〈メディア複合体（Medienverbund）〉という用語を用い，「もはやそれぞれのメディアが単独で存在するわけではない」（Bolz 1993＝1999：118）と示唆するように，パソコンやスマホに映画や音楽，ゲームなどが乗り入れる一方で，1 つの作品がさまざまなメディアへと拡散しているのである。

56 ● CHAPTER 4　コンテンツ・メディアの来歴

1つの音楽がさまざまなフォーマットで聴かれるという状況は，録音された音楽をそれぞれのメディアに定着させるという行為によって成立している。この，音楽がさまざまなメディアの間を行き来する様子を，音楽の**流動性**と呼んでおこう。以下では音楽というコンテンツそのものではなく，その流動性に注目し，容れ物となるメディアの変遷と，メディア間の相互作用（遠藤薫はこれを「間メディア性」と呼び，マス・メディアとインターネットが相互参照することによって形成させる世論に関心を向ける〔遠藤編 2004〕）が音楽に与えた影響について考えよう。具体的には**アイドル**を取り上げ，それがメディアに最適化されるなかでどのような発展を遂げたかを見ていこう。

アイドルとリキッド・モダニティ

　図4.1は日本における音楽ソフトの生産数量を種別ごとにまとめたものである。コンテンツとメディアの関係についての議論は，「○○から△△へ」や「○○の時代」といった形で提示されることがしばしばある。こうした物言いは議論の複雑性を回避しイメージを明確化するうえでは有効だが，メディア史が単線形でとらえられがちであり，かつメディアの連続性が軽視されてしまうために議論を単純化しすぎてしまうきらいがある。たとえば「インターネットの普及によって CD が売れなくなった」ことに異論を唱える人は多くないだろうが，「CD の時代」に続くのがダウンロードなのか YouTube なのかサブスクリプション（定額制配信サービス）なのかは判然としない。実際にはこれらが幾重にも折り重なって相互に作用しながら，複雑なメディア環境が形成されているのである。図4.1を見ると，音楽メディアは古いものが新しいものに置き換えられるだけではなく，集中と分散を繰り返していることがわかる。つまり，メディアの多様性が高い時期とそうでない時期が交互に訪れているのである。

　第1章でもふれたように，社会学者のバウマン（⇨章末 Bookguide）は社会の流動性の高まりに注目し，ソリッド（固体的）からリキッド（液状）な状況へと現代社会が移行したことを指摘する（Bauman 2000＝2001）。

　産業革命以降，モダニティ（近代）の名のもとで人々の生活世界は大きく様変わりし，伝統的な秩序が次々と塗り替えられてきた。しかし先進国では1960～70 年代にかけてさまざまな局面で問題や限界が見られるようになり，

1　流動化するコンテンツとメディア　● **57**

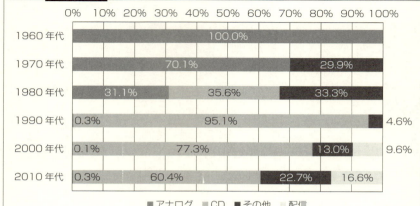

図 4.1 音楽メディアの移り変わり

(注) その他の内訳
68-80 年:テープ(カセット/カートリッジ/オープンリール)
81-94 年:テープ(カセット/カートリッジ)
95-01 年:テープ(カセット)
02-17 年:テープ(カセット),その他,音楽ビデオ
※配信は 2005 年以降に発表

(出所) 日本レコード協会「音楽ソフト 種類別生産金額推移」(http://www.riaj.or.jp/g/data/annual/ms_m.html),「生産実績・音楽配信売上実績合計金額」(http://www.riaj.or.jp/f/data/annual/total_m.html) より作成 (2018 年 6 月 30 日取得)

モダニティは次のフェイズへと移行した。これを連続とみなすか断絶とみなすかは論者によって異なるが,それぞれの立場から「ポストモダニティ」や「後期近代」,「再帰的近代」(ギデンズ),「第 2 の近代」(ベック)などと呼ばれる。

バウマンにとってモダニティは「あらゆる堅固なものの溶解」する過程であり,連続している。ただし,ソリッド・モダニティにおいては伝統にかわる強固な秩序が模索されたが,より移り変わりが激しいリキッド・モダニティでは,「溶解し,永続的でない形態の場所に,同じように──よりいっそうというほどではないが──溶けやすくて,したがって,同じように永続的でない形態がおさまることになる」(Bauman 2011 = 2014 : 22)。液状であるがゆえに,社会の仕組みや文化は同じ形にとどまらず,絶えず変化するのである。

これになぞらえるならば,生演奏から録音芸術へと移行したポピュラー音楽の歴史はメディアの変遷とともにあり,大局的にソリッド・モダニティからリ

キッド・モダニティへの移行を表していると言えよう。1960年代までのメディアの選択肢がないソリッドな状況の後，70〜80年代にはコンテンツのメディア間の流動性が高まるリキッドな状況が到来した。90年代はCDによってメディアが統一され，ソリッドな状況への揺り戻しがあったが，2000年以降はインターネットとデジタル・メディアの普及によって，再びリキッドな状況が訪れている。

興味深いことに，この経緯は1980年代と2000年代に大きく盛り上がるアイドル人気の盛衰と同調している。メディアの多様化，音楽の流動性の高まりとアイドル文化の趨勢には相関関係があると言えそうだ。

流動性がもたらす「自由」

なぜリキッド・モダニティにおいてアイドル文化は活性化するのか。ここでは「自由」を切り口に2つの仮説を示しておきたい。

1つめは，アイドルにおいては作品や表現の意味が固定されておらず，オーディエンスが能動的に意味づけをする楽しみがあるという意味での自由である。

一般的に「アイドル」という音楽ジャンルは，日本独自のものだと考えられている。もちろん歌って踊れるエンターテイナーは存在するが，ビヨンセやマドンナ，レディ・ガガなど，海外のそれは基本的に歌もパフォーマンスも高いレベルを要するものである。そして海外で「アイドル」という言葉はルックスに優れ話題性はあるが，人気が先行しているアーティストを揶揄する，否定的な文脈で使われることが多い。これに対し日本のアイドルは未完成でありつつも，そこに肯定的な価値を見いだされた存在である。

社会学者の太田省一はアイドルの魅力の源泉として「未熟さ」と「純粋さ」を挙げ，「未熟さを自覚し，そこから脱するために努力する姿は，アイドルならではの〈過程〉の魅力を示すことになる……。そしてその努力は，無償のものであればあるほど，いっそう価値あるものになる。そのとき，未熟さは純粋さへと昇華するのである」と述べている（太田 2011：22）。表現として未完成であるがゆえに，その成長過程や変化を楽しむことが可能であり，意味が固定されていないがゆえに自由な解釈が可能になるのである。

音楽の流動性がもたらすもう1つの自由は，メディアを巧みに操ることに関

係する。

　1877年にエジソンが発表した円筒型の蓄音機フォノグラフは最初の本格的な聴覚技術であるが，これは普及には至らず，その後円盤を採用したベルリナーのグラモフォンの登場（1887年）が今日に至るポピュラー音楽の発展を決定づけた。両者のもっとも大きな違いは，後者がひとつのマスターから大量のコピーをつくることが可能な複製技術だという点である。再生だけでなく録音が可能なフォノグラフでは，「録る」ことと「聴く」ことは一続きの行為だった。しかしグラモフォンは機能を再生に特化させ，やがて人々の意識は聴くことに集中する。言い方を変えれば送り手と受け手が分離され，多くの人が受け手に振り分けられたのである。

　しかしその後も，カセットテープやMDなどの録音技術が登場し続けていることからもわかるように，録ることへの欲望は完全に霧散したわけではない。メディアを操作する自由は，音楽に積極的に介入する契機となる。

　この2つの自由は互いに影響し，意味が固定しない音楽を自由に解釈し戯れるオーディエンスの能動性を引き出す。こうした観点から，以下ではそれぞれの時代のメディア環境やそれに伴うアイドル文化の変遷をとらえかえそう。

 テレビとアイドル

ソリッドなスター

　南沙織，小柳ルミ子，天地真理がデビューした1971年はアイドル元年と呼ばれる。「新三人娘」と呼ばれた彼女らが，歌だけでなくドラマ，バラエティ番組でも活躍し，お茶の間の人気を博したことからもわかるように，アイドル文化が発展するうえでテレビ，正確に言えばカラーテレビは大きな役割を果たした。

　テレビが音楽に与えた影響とは何か。それは，視覚情報の重要性が増したということである。直接的に言えば，歌手のビジュアルの重要性が増し，送り手側は，歌唱力に目をつぶってでもルックスのよい歌手を重用するようになった。そしてアイドルにとっての音楽とは，純粋な表現活動というよりも，ドラマや

バラエティ番組出演を見越して,「タレント」自身を売り出すためのメディアミックス戦略の一環なのである。

　もっとも,こうしたメディアミックスやコラボレーションは,テレビが登場する以前の日本の音楽産業においても異例なことではない。日本初の流行歌とされる松井須磨子の「カチューシャの唄」(1914年)が,劇団・芸術座の舞台「復活」の劇中歌であったように,むしろ常套的な手法といえよう。

　戦後復活を遂げた映画産業は娯楽の王様に君臨し,最盛期の1958年には約11.3億人の年間入場者数を記録している。そこでもヒット曲が映画化されるとその歌手が主役を演じ,主演俳優はその映画の主題歌を歌うといった具合に,音楽と映画は密接にひもづけられていく。たとえば美空ひばりはヒット曲の多くが映画化されただけでなく,子役としてデビューを果たした1949年からの約20年間に,156本もの映画に出演している。昭和を代表する国民的歌手は,それと同時に銀幕の大女優でもあったのだ。

　ここで映画館のもつ,非日常性あるいは祝祭性について述べておきたい。加藤幹郎(2006)によるとサイレント期の映画館は現在の映画に集中するための静かな空間とは違い,演奏や歌声,観客の歓声とおしゃべりに満たされた「ほとんど祝祭的な空間」であった。この映画館のもつ祝祭性や非日常性は程度の差はあれども,今日に至るまで引き継がれていると言えよう。人々は映画を観るために,オシャレをして盛り場に出かける。そして,開演を知らせるブザーと同時に照明が落とされると,暗闇のなかにまさに非日常の世界が現れるのである。そこで出会うのは銀幕の向こう側にいる「スター」であり,文字どおり手の届かない存在であった。

　社会学者の稲増龍夫はこのようなメディアとしての映画とテレビを対比させることで,アイドルに関する興味深い指摘を行っている。

　　映画やレコードといったメディアが主流の時代のスターは,常に一般大衆と距離を置いて自分を非日常的存在＝カリスマとして演出することができた。ハリウッドのスターシステムも基本的にはそうした神話作用を利用したものであった。それが,TVがわれわれの日常生活に深く浸透し,食事時や家族団欒の場に置かれるようになったことで,スターの神秘性は薄

れ，憧れの対象から隣人やクラスメイトのような親しみが求められるようになったのである。その意味で現代のアイドルは，まさしく TV メディアの産物である。(稲増 1993：40)

　非日常的な環境でみる映画に対して，テレビはリラックスして，自宅で，しかも毎日見るという意味で日常的なメディアである。稲増はここにタレントの質の転換をみる。テレビで日常的に接する存在には緊張感やアウラ（礼拝的価値⇨第 6 章）は必要なく，むしろ身近で親しみやすいことが求められる。つまり映画からテレビへと視覚メディアの潮流がかわり，高嶺の花で手の届かない存在であるスターは，より身近な「アイドル」へと最適化されたのである。

リキッド化するアイドル

　1970 年代は音楽産業が急成長を果たした時期だが，同時にカラーテレビが急速に普及した時期でもある。日本のテレビの本放送は 1953 年，カラー放送は 1960 年にそれぞれ始まった。1970 年には 30％ 以下だったカラーテレビの普及率は 1975 年には 90.3％ の大台に乗った。このカラーテレビを舞台にアイドル文化は開花し，国民的な関心を集めることになる。

　バラエティ番組やオーディション番組もさることながら，アイドル文化にとって重要だったのは，1970〜80 年代にかけて全盛期を迎えた歌番組の存在である。なかでも 78 年に放送開始した「ザ・ベストテン」(TBS) は，視聴者の投票によってその週のランキングを決めるというルールと，何が起こるかわからない生放送のハプニング性が人気を博した。

　ところで普段テレビを見ていて，「どこの局もニュースもやればドラマもバラエティもやって，代わり映えがしないな」と思ったことはないだろうか。その要因として，1959 年に放送法が改正された際に「番組調和原則」と呼ばれる以下の条文が盛り込まれたことは大きい。

　　第 106 条　基幹放送事業者は，テレビジョン放送による国内基幹放送及び内外基幹放送（内外放送である基幹放送をいう。）（以下「国内基幹放送等」という。）の放送番組の編集に当たつては，特別な事業計画によるものを除

くほか，教養番組又は教育番組並びに報道番組及び娯楽番組を設け，放送
番組の相互の間の調和を保つようにしなければならない。

　つまりテレビは「教養，教育，報道，娯楽」の４つの番組をバランスよく放
送しなくてはならないのである。もっとも，社会学者の佐藤卓己が「各局がそ
れぞれ自社の主観的な判断で分類した数字が報告されてきたわけであり，しか
も，現場での番組分類はかなり杜撰に行われていた」(佐藤 2008：10) と指摘す
るように，これが厳密に運用されていたわけではないが，地上波局は似たよう
な番組編成にならざるをえなかったのである。
　このような事情もあって，「夜のヒットスタジオ」(1968年，フジテレビ)，「レ
ッツゴーヤング」(74年，NHK総合テレビ)，「ザ・トップテン」(81年，日本テレ
ビ，86年からは「歌のトップテン」) など，各局はこぞって音楽番組を制作し，
1970年〜80年代にはほぼ毎日音楽番組が放送されていた。また「輝く！日本
レコード大賞」(59年，TBS) や「日本有線大賞」(68年，TBS)，「FNS歌謡祭」
(74年，フジテレビ) などの賞レースも盛り上がりを見せ，紅白歌合戦 (51年，
NHK) の平均視聴率も84年頃まではほとんどの年で70％を超えていた。
　こうして毎日のように歌番組が放送されるなかで視聴者の注目を集めるため
に，送り手は次の一手を打つ。アイドルをグループ化したり，舞台セットや衣
装によって話題性を高めることにくわえ，歌唱に動きをつけたのである。ただ
しこれは本格的なダンスや舞踊ではなく，リズムにあわせて左右に揺れたり，
顔の周りで手を振るなど，あくまでもテレビのサイズやカメラワークを意識し
て最適化したものであり，「振り付け」と呼ばれる。麻丘めぐみが「わたしの
彼は左きき」(1973年) のサビでマイクを持ち替える振りは，小さい動きなが
ら印象的であり，振り付けの妙が要約されている。
　その後，振り付けが１つの頂点に達するのは，1976年にデビューしたピン
ク・レディーにおいてである。評論家の竹内義和は当時のインパクトを「まぁ，
ハッキリいってスカートが短いくらいでは，僕たちもそれ程驚かなくなってい
たのである。／しかし，ピンクレディは，ただスカートが短いだけではなかっ
た。アクションが，凄いのだ。歌の間中，動き回っているのである。……そし
て，極め付けが，例の，足をパカッパカッと開脚する振り付けなのであった」

2　テレビとアイドル　●63

と生々しく語っている（竹内 1987：139）。しかし，ピンク・レディーがもっとも訴求したのは成人男性ではなく，小・中学生を中心とした女子であった。彼女たちはその個性的な振り付けをこぞってコピーした。音楽学者の輪島裕介によると従来とは異なる歌手とオーディエンスの関係，すなわち「オーディエンスが歌手と同じ振り付けを踊ることが，その歌の最も基本的な受容のあり方となるような，そういった歌と踊りの不可分な関係」が生まれたのである（輪島 2015：227）。

全盛期から氷河期へ

こうしてアイドルは 1970 年代を通じて，テレビに適した表現様式を完成させていった。全盛期を迎える 80 年代にはいわゆる職業作家だけでなく，ニューミュージックを中心に若者から支持されるミュージシャンが楽曲を提供し，アイドルという手法でさまざまな音楽表現が試みられた。

1980 年に引退した山口百恵と入れ替わり，一躍人気者となった松田聖子は，さらにファッション，立ち居振る舞いなどを通じて，キャラクターを確立し，アイドルの活動領域を CM にまで拡大した。各芸能プロダクションが次々とデビューさせた，「花の 82 年組」と呼ばれる松田の対抗馬には彼女のフォロワーに止まるものも少なくなかったが，一方で中森明菜や小泉今日子といった，松田とは異なるキャラクターのアイドルも生まれた。こうして表現様式が確立されることで，アイドルは批評や評論の対象となった（宝泉・ファッシネイション編 2002）。当時ブームとなっていた学術的潮流であるニュー・アカデミズム（⇨第 10 章）とも親和的だったアイドル批評の登場は，当時のオーディエンスの読解力の向上を物語るものだが，このことはその後のアイドルの行方を決定づけることになる。この問題を考えるうえで社会学者の北田暁大の「純粋テレビ」に関する議論が参考になる。

北田は 1980 年代のテレビ文化が，「70 年代までに形成されてきたテレビ演出の方法論＝『お約束』をパロディのモトネタとして相対化し，《裏》リテラシー――イマ―ココの外部にある情報を収集する能力――を共有する受け手たちの『巨大な内輪空間』を形成していった」ことを指摘する（北田 2005：152）。テレビに「演出」や「お約束」があることは送り手にとって自明のことだが，

64 ● CHAPTER 4 コンテンツ・メディアの来歴

テレビを繰り返し視聴するうちに受け手もやがてそのことに気づきはじめ，そのことを前提とした番組がつくられた。そしてオーディエンスはテレビ的な演出が施された「どこにでもある凡庸な出来事・事象」を「嗤う」のである。それは「いわば，テレビ自身が，《あらゆるテレビ番組はヤラセ（演出的）である》という残酷な真理を告白しているようなもの」（北田 2005：155）であった。

　アイドルについても同様に「演出」があり「お約束」があることに，人々は気づきはじめた。そういった意味でいかにもアイドル然とした振る舞いが「ぶりっこ」といわれた松田聖子は，カリカチュア（戯画化）されたアイドルそのものであり，中森や小泉はそこから逸脱することで個性をまとったのだと言えよう。そして，稲増の言葉を借りるならば「論ずべき『主題』よりもそのアプローチの『方法論』が注目されるような時代」（稲増 1993：65-66）を迎えたのである。

　この流れを受けて，バラエティ番組「夕やけニャンニャン」（1985年，フジテレビ）におニャン子クラブが登場する。このグループは，番組に登場する女子高校生をアイドルに見立てるという，いわばアイドルのパロディであった。ここには送り手と受け手の共犯関係が見られる。たとえ素人であっても，送り手はアイドルとしてテレビで「演出」し，受け手がそれを認めれば，それはアイドルとして成立してしまう。1973年にデビューし，70年代に活躍したキャンディーズは引退にあたって「普通の女の子に戻りたい」という有名な台詞を残したが，おニャン子にあっては，もはや普通の女の子がそのままテレビに登場し，「アイドルしている」のである。この手法は受け，おニャン子はアイドルシーンを瞬く間に席巻した。ファンクラブの申込書付きのレコードを視聴者が大量に買うことでヒットにつなげるという公然な「ヤラセ」を，多くの若者がわかったうえで積極的に楽しんだのである。

　しかし，こうしたブームはその後アイドルとアイドルファンにとって喜ばしい結果をもたらさなかった。それは，いわば手品のタネ明かしであり，瞬間的には盛り上がるが，何度も通用する手ではない。期を同じくして歌番組が相次いで終了すると，80年代後半にアイドルは一気に陳腐化し，「冬の時代」へと突入する。テレビを舞台に発展したアイドル文化は，皮肉なことにテレビによって葬り去られたのである。

3 Jポップの時代

アイドルからアーティストへ

　1990年代に音楽産業は飛躍的な発展を遂げたが，アイドルは冬の時代を迎えた。むろん，自作自演ではない歌手がいなくなったわけではないが，北川昌弘の言葉を借りるならば，この時期の女性タレントたちは「アイドルと見られた時点で人気に陰りが出る」ために「私はアイドルじゃないですよ」と「世間にエクスキューズ」し，脱アイドル化を図った（北川とゆかいな仲間たち 2013：64）。要するに，かつての歌謡曲を歌うアイドルはJポップを歌うアーティストへとモデルチェンジしたのである。

　このアイドルからアーティストへの転向をもっともわかりやすく示すのは，篠原涼子だろう。1990年に東京パフォーマンスドールのメンバーとしてデビューした篠原は，「ダウンタウンのごっつええ感じ」（91年，フジテレビ）に出演し，まずはバラエティ番組で人気を博した。歌番組の衰退により活躍の場を失っていた当時のアイドルは，グラビアやバラエティへと活動の場を移したのである。その後，シングル「恋しさとせつなさと心強さと」（94年）で本格的な歌手活動を展開した際には，普段テレビでみせるおバカなキャラと抜群の歌唱力のギャップに彼女のファンですら驚いた。その音楽に関して注目すべきは，その後プロデューサーとしてミリオンセラーを連発し，社会現象を巻き起こした小室哲哉の存在である。

　いわゆる「小室ブーム」の特徴は，小室がメディアに積極的に露出し，ブランド力を高めた点にある。そして，歌い手とプロデューサーの関係は「篠原涼子 with t. komuro」という名義からも明らかなように，共同創作者である。うがった見方をすれば，これはあくまでも見せ方，つまり「演出」の問題であり，そこにアイドルとの本質的な差異は存在しない。しかしコラボレーションによってアーティスティックな意匠を施された篠原は「アイドル」ではなく，「本格派」の「アーティスト」として，広く受け入れられたのである。

　同様の手法が成功した例としてはZARD（坂井泉水），Every Little Thing（持

田香織）など，さらにそのプロトタイプとして LINDBERG（渡瀬マキ）が挙げられる。いずれもアイドルとしてはマイナーだったが，バンドやユニットとして再デビューしている。またソロ歌手の場合は，衣装のデザインや作詞を手がける等，「クリエイティブ」な側面を打ち出してアイドルイメージを回避した。

CD とタイアップ

かくして「アーティスト」はＪポップシーンで存在感を放ち，ミリオンセラーを次々と生み出した。1998 年にはシングル 20 作品，アルバム 28 作品がミリオンセラーとなり，音楽ソフトの生産金額は史上最高となる 6074 億 9400 万円を記録し，10 年間に市場規模は約 1.8 倍に成長した。

こうした市場拡大の背景には CD（コンパクトディスク）の登場がある。ソニーが 1982 年に商品化した CD は，プレーヤーの大幅値下げを行った 84 年頃から急速に普及しはじめた。烏賀陽弘道（2005）はこのメディア革新が日本の音楽の「Ｊポップ化」を促進したことを鋭く指摘する。CD プレーヤーの販売台数はアナログのそれを瞬く間に凌駕した。その結果，ソフトを販売するための潜在的な市場は約 5 倍に拡大し，巨大なプラットフォームが形成されたのである。

烏賀陽は「マーケティング」「カラオケ」「タイアップ」をこの時代の音楽文化を象徴する「Ｊポップ三種の神器」と呼ぶ。女性や若者向けのヒット曲をつくり出すためには当時爆発的に流行したカラオケで歌われることが必須であり，カラオケで歌われるためには楽曲やアーティストの知名度を上げる必要があり，そのためにタイアップが多用されたのである。1990 年代以降，従来の歌番組は次々と姿を消していくのだが，ドラマの主題歌や CM のイメージソングという形で，テレビは依然として音楽文化に対して影響力をふるっていたといえる。

ただし，こうした状況はアイドルにとって追い風とはならなかった。カラオケにせよ CM にせよ，アイドルのそれは世界観やターゲットを限定しすぎてしまう。トレンディ・ドラマの主題歌に，野暮ったいアイドルの歌謡曲と，スタイリッシュなアーティストのＪポップのどちらが適切かはいうまでもないだろう。

なお，アーティストがテレビとの関係においてとった戦略は，大きく2つに
わけることができる。1つはタイアップを多用しつつ，自身はメディアへの露
出を抑えることで，神秘性を高める方向であり，ZARD や B'z に代表される
「ビーイング系」のアーティストらがその代表格である。もう1つは「HEY！
HEY！HEY！」（1994年，フジテレビ）や「うたばん」（96年，TBS）等，音楽よ
りもトークに比重が置かれた新しいタイプの音楽番組に積極的に出演し，親し
みやすさを高める方向である。

　いずれもイメージを先行させ，企業とのタイアップに必要な「好感度」を上
げる戦略だったといえる。

CD と個人聴取

　CD の登場は音楽ソフト市場を拡大，再編しただけでなく，いくつかのレベ
ルで音楽の個人化を押し進めた。ラジカセやポータブルプレーヤーといった再
生機器の小型化に伴い，音楽を聴く場はお茶の間から個室や通勤電車内へと拡
大し，個人で聴く機会が増加したのである。そこでは誰かの好みに合わせるの
ではなく，自分の好きな音楽を聴くことができる。

　CD 以前の個人聴取は，カセットテープとウォークマンに見られる。一般的
にカセットテープと呼ばれたコンパクトカセットは1964年に販売が開始され，
80年代に全盛期を迎えた。このボタン1つで録音が可能なカセットテープは
扱いがきわめて簡単で，会議録音や語学学習のほかに，ラジオ番組の録音やレ
コードのダビングに用いられた。当時の小中学生に，カセットを通じて録音す
る楽しみを覚え，自分だけのマイ・ベストをつくることに夢中になった人は少
なくない。カセットテープは「録る」ことと「聴く」ことを再び一続きの行為
にし，その喜びを人々に与えた。

　これを利用して，新しい音楽聴取体験をもたらしたのが，ソニーが1979年
に発売したウォークマンだ。音楽を持ち運ぶことによって，目に映るあらゆる
風景に好みの音楽を付け加えること，音楽学者の細川周平によれば「歩行とい
う『家』では一般的に不可能な行為に伴って，選択的に音楽を聴くという体
験」を可能にしたのである（細川 1981：35）。この「選択的に音楽を聴くという
体験」の快楽は，ラジオのように与えられた番組ではなく，カセットテープを

編集する楽しみと相乗効果をもたらし，ウォークマンは大ヒット商品となった。

　ウォークマンの発売以降，全国で爆発的に増加したレンタルレコード店はCDの登場によってさらに増加した。しかし，1989年をピークに徐々に減少し，同時にカセットテープも衰退していく。CDとカセットは一見すると相性のいい組み合わせに思えたが，短命に終わっている。

　その要因として，洋楽の一定期間レンタル禁止措置や外資系大型CDショップの出店などが考えられるが，1990年代のJポップが，実はかなり制度的につくり込まれたものだったことも挙げられよう。マーケティング的に捕捉されたターゲットに対して，マーケティング的に適切な音楽が届けられる。CDという画一的なフォーマットのおかげでノイズの入る余地はきわめて小さく，イメージは正しくオーディエンスに届けられる。そこで人々に許される自由な楽しみ方は，せいぜいカラオケで歌うことぐらいであった。つまり，華やかなシーンとは裏腹に，ソリッドな状況においてオーディエンスが能動的に音楽を楽しむ自由は，かなり制限されていたのではないだろうか。

4 液体としての音楽

　本章では，バウマンのリキッド・モダニティの議論をヒントに，メディアがコンテンツに与える影響を見てきた。アイドルの変遷が物語るのは，音楽は液体のように器（映画，テレビ，CD）によって姿形（スター，アイドル，アーティスト）を変えていくものだということである。

　現在のようにメディアが多様化し，音楽の流動性が高まる状況は，オーディエンスに積極的に音楽に関与する余地を与え，アイドルにおいて本質的ともいえる「育てる」「育成」という感覚を強調する。多くのアイドル歌手を手がけた作詞家の阿久悠は，アイドル歌手と歌の登場人物がしばしばイコールで結びつけられることについて，「結局，デビューの段階では未熟ですからね，ほかの世界歌えないと，自分を歌うしかない。もしくは自分の年代を歌うしかない」と述べている（阿久・和田［1985］1999：101）。こうした未熟さは，オーディエンスを含めたさまざまなエージェントの参加を促す。歌番組「ザ・ベスト

テン」の美術セットを手がけていた三原康博は「歌詞で全部言われてしまっている」演歌や「全部自分たちでやりきっちゃっている」サザンオールスターズなどを苦手とする一方で，中森明菜を「いじりがいのある人」と評し，「キャラクターがはっきりと表れている」歌手が好きだと述懐している（三原・テレビ美術研究会編 2012：72-73，256-57）。アイドルは表現としては未完成であるがゆえに作詞家・作曲家を超えたさまざまなクリエイターの共同作業を可能にし，オーディエンスを巻き込んだ，音楽に留まらない現象となりうるのである。

　また，こうしたオーディエンスの熱意がしばしば「語る」という行為を通じて昇華されることを考えると，アイドルの最盛期が，ニューメディア論やニュー・アカデミズムなどのポストモダン思想の流行と重なるのは決して偶然ではないだろう。そして基本的に，現在のアイドルブームもこうした流れの先にあるとみてよい。ライブを含めた多様なメディア環境において，いまだかつてないほどに音楽は流動化しており，人々はインターネットやイベントの現場でアイドルを語り，意味づけているのである。

　大きな物語であるところの誰もが知っているヒット曲の不在と，膨大な選択肢とめまぐるしく変化するトレンドを眼前に，すべてを自分で選択し，物語を紡がなければならないという個人化の問題もまたリキッド・モダニティの特徴である。

さらに学びたい人のために | **Bookguide** ●

● 入門書

▶ 遠藤薫，2013『廃墟で歌う天使――ベンヤミン「複製技術時代の芸術作品」を読み直す』現代書館
　　ヴァーチャル・アイドル初音ミクを手がかりに，現代の視点からベンヤミンをとらえ直す刺激に満ちた一冊。

▶ 西兼志，2017『アイドル／メディア論講義』東京大学出版会
　　アイドルをメディア論の観点から論じる。本章と重なる部分も多いが，より新しい事例であるライブ時代のアイドルにも言及している。

▶ニーガス，K.（安田昌弘訳）2004『ポピュラー音楽理論入門』水声社
　　メディアや音楽産業をはじめ，多岐にわたるトピックのすべてが社会学の
　視点から音楽を論じる際の手引きとなる。
▶中尾賢司，2014『「ネオ漂白民」の戦後――アイドル受容と日本人』花伝社
　　見田宗介や柄谷行人から宇野常寛や松谷創一郎まで，幅広い日本の現代思
　想を援用しながら，アイドルと日本社会を論じる。

●理論家ガイド
　　ジグムント・バウマン（1925-2017）は，ポーランド出身の社会学者。
　本章で紹介したリキッド・モダニティの理論をベースに政治，労働，貧困，
　コミュニティ，個人，監視社会と，現代社会のあらゆる問題に立ち向かう。
　優れたメタファーやアナロジーに定評があり，読むものに多くのヒントを与
　えてくれる。多作であり，翻訳されている書籍も多いのでそれぞれの興味や
　関心に応じて読めるが，「とりあえず」というときは『リキッド・モダニテ
　ィ――液状化する社会』（大月書店，2001 年，原著：Bauman, Z., 2000,
　Liquid Modernity, Polity Press.）を押さえたい。

●最新の学術論文
▶加藤綾子，2011「日本のレコード・ビジネスの構造変化に関する定量的分
　析――トライアングル体制における組織間関係の変化」『ポピュラー音楽研
　究』15，3-22

第 2 部
メディアの功罪（現在編）
—— 個人化

PART

CHAPTER
1
2
3
4
5　ソーシャル・メディアの功罪
6　デジタル・コンテンツの功罪
7　ネット広告の功罪
8　ユビキタス／ビッグデータの功罪
9
10
11

CHAPTER

第5章

ソーシャル・メディアの功罪

SNS的つながりの実相

INTRODUCTION

　私たちの生活にとって，インターネットは不可欠なものとなった。そして，インターネット上でSNSを利用することもありふれたこととなりつつある。SNSは，身近な友人や知人とのネットを介したつながりを可能にする。SNSを用いることで，一人で部屋にいるときも，友人とのやりとりができる。一方で，対面状況でのやりとりとは異なり，SNS上で発信された情報は，閲覧の制限をしない限り，他者からも閲覧可能であることは少なくない。またその情報の検索や拡散も容易だ。一人の部屋で身近な友人に向けて発信した「ひみつの告白」も，閲覧制限がなされなければ，容易にあらゆるユーザーの目にさらされることになる。告白の内容次第では，「炎上」することもあるかもしれない。SNSは私たちのコミュニケーションにとってどんな環境であり，どんな恩恵と弊害をもたらしているのか。

> **KEYWORD**
>
> SNS　つながり　コミュニケーション　若者　多元的自己

1　SNSとは何か

ソーシャル・メディアとSNSの10年

　SNSと聞いて，何を思い浮かべるだろう。現在だと，LINEやTwitter，Facebook，InstagramなどだろうかSNSとは「ソーシャル・ネットワーキング・サービス（Social Networking Service）」の略語だ。具体的なサービスは思い浮かぶが，明確な定義はぼんやりとしている。2014年版の『現代用語の基礎知識』の「SNS」の記事を見てみると，「会員制のウェブサイト上で職業・趣味・写真・文章などを公開し，会員同士で交流できる機能を提供するサービス」とされる。さらに，記事は以下のように続いている。「『mixi（ミクシィ）』や『Facebook（フェイスブック）』が代名詞と言えるサービスだったが，Twitterや LINE，各ブログサービスにも『自身のウェブページを編集できる』『他の会員との交流が可能』などSNSとしての機能が含まれているためSNSと称される。さらに，写真・動画共有アプリ，ゲームアプリなどの各アプリのほかクラウド型で提供されるサービスの多くがSNS的な機能を備えるか，または別のSNSに投稿できるなどの連携機能がつくようになってきている」。

　上の引用にあるように，TwitterやLINEは登場当初はSNSの代名詞ではなかった。むしろ，より広い概念であるソーシャル・メディアとして呼ばれることが多かった。テレビや映画や新聞などに代表される産業的なマス・メディアが視聴者にその情報を一方向的に伝えるのとは対照的に，ソーシャル・メディアはインターネット環境を前提とし，そこで各個人が文字や音声，映像などを発信し，かつそれを受けて，コメントを残したりできるという双方向性を可能にするメディアである。具体的には，ブログや動画共有サイト，インターネット掲示板，SNSなどがソーシャル・メディアとして呼ばれている。

　「SNSとは何か」と考えるとき，SNSはそう呼ばれるためのさまざまな共通

76 ● **CHAPTER 5**　ソーシャル・メディアの功罪

の特徴をもちながらも，個別のサービスにはそれぞれの特徴があり，SNS かどうか明確な定義をもつようなものではないことがわかる。はじめに示した引用にあるように，かつて Twitter や LINE は SNS としてとらえられていなかった。この約 10 年の間に多くのサービスが登場し，そのたびに新しいネットワークのあり方，「つながり」のあり方が示され，その時代に代表的な SNS のイメージは移り変わりながら，現状に至っている。「SNS」とは，ソーシャル・メディアのなかでも特に人々のネットワーク，つながりを生み出し，維持する機能に着目したサービスとしてとらえておくとよいだろう。

SNS とメディア

　インターネット環境が普及し，さまざまなソーシャル・メディアが登場するなか，インターネット上で人々をつなぐさまざまな SNS が登場した。このとき，忘れてはならないのは，SNS を利用する際，インターネット環境にアクセスするための何らかのメディアを用いているという点だ。

　SNS を利用する際のメディアについて考えるための切り口として，筆者がはじめて SNS を利用した頃の話を紹介したい。日本において SNS が一般に知られるきっかけの 1 つとなったミクシィのエピソードだ。ミクシィは 2004 年の 3 月にサービスを開始した。ちなみに，その 1 カ月前に「GREE」がサービスを開始している。ともに，1 年足らずで 10 万人を超える利用者を獲得，2006 年には「ミクシィ」という語が流行語大賞に入賞し，2007 年には 1000 万 ID を超えている。

　2000 年代中頃，春の入学の時期に大学の情報センターや図書館に行くと，多くの学生がパソコンでミクシィの画面を閲覧していた。ミクシィのホーム画面はオレンジ色なので，並んでいるパソコンのモニターの多くはオレンジ色で，遠目に見ても何を閲覧しているのかがわかった。

　個人的な SNS の思い出ではあるが，当時の SNS 利用場面を思い出すと，SNS とそれを利用する際のメディアが現在とは異なることがわかる。当時，ミクシィは登録ユーザーから招待を受けてはじめて利用登録ができるという完全招待制をとっており，入学したての学生達は登録ユーザーの先輩や友人からミクシィへの招待メールをもらって登録する必要があった。そして，アカウン

ト作成の際にはパソコンのメールアドレスで登録する必要があった。

そういうわけで，春に大学に進学した者たちは，大学のメールアドレスを手に入れ，出会ったばかりの同級生にミクシィの招待メールをもらい，図書館や情報センターのパソコンやはじめて買った自分のノートパソコンでミクシィのアカウントを作成し，閲覧していた。そんな風景が当時は見られた。また，その少し後，2006 年には携帯電話のメールでもアカウント作成ができるようになったが，まだスマートフォンは普及していなかった。いわゆる「ガラケー」でカチカチとキーを押しながらミクシィをやっていた。スマホが普及し，タップしながら SNS を利用することが普通の風景となった今とは，大きく異なっている。

SNS がインターネット環境を前提とする以上，SNS はそのときに利用可能なメディアで利用される。SNS の提供するサービスそのものがそのとき，利用されうる主たるメディアとセットで受容，利用されることを忘れてはならない。Twitter や LINE といった近年 SNS として言及されるサービスが，スマホやタブレットを基本的に前提としたサービスとなっていることからもわかるだろう。

インターネット利用と世代

10 数年前の SNS 利用の様子を紹介したうえで，ここであらためて SNS を利用するためのインターネット環境とそこにアクセスするための利用メディアの10 年間での変化を，総務省の実施している「通信利用動向調査」（総務省 2005）を参考に，確認したい（図5.1）。

先に紹介した 2000 年代中頃のインターネット利用状況はどういうものだったのか。まずは 40 歳より若い人たちに注目してみる。平成 16 年度調査（2004年度）の世代別のインターネット利用率を見てみると，13〜19 歳は 90.7%，20〜29 歳は 92.3%，30〜39 歳は 90.5% がインターネットを利用している。こうやってみると，すでに多くの人がインターネットを利用していたことがわかる。2004 年当時，情報通信機器として調査されているのは，携帯電話とパソコンである。スマートフォンというカテゴリーはこの年の調査では問われていない。2004 年あたりから 3G（第三世代携帯電話）が普及しうる状況ができ，徐々に海

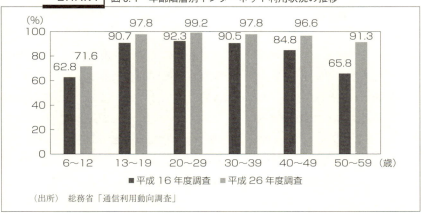

図 5.1 年齢階層別インターネット利用状況の推移

(出所) 総務省「通信利用動向調査」

外でスマートフォンと呼ばれていたタイプの携帯電話が増加していくので，この頃はまだ話題にはなっても普及していなかった。

では，約10年後，その状況はどう変わったのか。総務省による平成26年度の「通信利用動向調査」（総務省2015）の報告書を見てみよう。年齢階層別のインターネット利用動向の結果を見てみると，13〜19歳は97.8％，20〜29歳は99.2％，30〜39歳は97.8％であり，ほとんどの人がインターネットを利用していることがわかる。平成16年度調査で示されたインターネット利用状況では，当時すでに9割を超えて利用されていたが，平成26年度には，ほぼ100％近く利用するようになっている。そのなかで大きな変化があるのは，利用する際のメディアだ。携帯電話はスマートフォンにとってかわられ，携帯電話からのインターネットへのアクセスは10％前後となっている。ケータイからスマホへの移行は顕著である。また，パソコンからのアクセスも減りつつある。

また，注目しなければならないのは，40代以上のインターネット利用状況だ。平成16年度調査において，40〜49歳は84.8％，50〜59歳は65.8％だった。それが平成26年度調査において見てみると，40〜49歳は96.6％，50〜59歳は91.3％，さらにグラフには示していないが60〜79歳のインターネット利用もなお拡大傾向にある。つまり，若者に比べてインターネットにアクセスする機会が相対的に少なかった年長世代も今後はインターネット利用者が増加していくということだ。すべての世代のほとんどの人がインターネットを利用する日

1 SNSとは何か ● 79

もそう遠くない。

　こうしたほとんどの人がインターネット環境にアクセスするような状況において，SNS を含むソーシャル・メディアはどのように利用されているのか。同じく総務省による平成 26 年度の「通信利用動向調査」によると，13〜19 歳の回答者では 63.7%，20〜29 歳の回答者では 71.4%，30〜39 歳は 62.6% がソーシャル・メディアを利用している。この調査では，ソーシャル・メディアを「複数の人とインターネットでやりとりできる情報サービス」としており，必ずしも SNS の利用状況を説明するものではないが，SNS を含むサービスを利用する人が 6 割以上となっていることは注目に値する。また，逆に見れば，ソーシャル・メディア，SNS ならなおさら，まだ利用していない人もいるということだ。SNS が後述するような「つながり」をもたらすとき，SNS を利用しないということがいかなる事態をもたらすのか。この点も重要なトピックになるだろう。

　ほぼすべての人がインターネットにアクセスするような環境が整い，スマートフォンでのインターネットへのアクセスが増えていくなか，ソーシャル・メディアは利用され，さまざまな SNS が登場し，これまでにない人々のつながりやコミュニケーションを可能にしている。今後は，現状すでに SNS を利用してきた世代が年齢を重ねていくことになるため，より幅広い世代が SNS を利用していくことになるだろう。すべての世代が SNS を利用することになれば，その生活スタイルや用途に合わせて，利用する SNS にも違いが生じるだろうし，同じ SNS でも利用の仕方は大きく変わってくる可能性は十分にあるだろう。

SNS はわたしたちに何をもたらすのか

　SNS が可能にするつながりとコミュニケーション。そこにはよい面ばかりがあるわけではない。新しいよい側面が生じるとき，同時に，新しい悪い側面が生じることはよくあることだ。

　以下では「SNS の恩恵」と「SNS の弊害」に注目する。ここでまずはこの 2 つの側面を生じさせる SNS の特徴について，アメリカのソーシャル・メディア研究で著名なボイド（Boyd 2014＝2014）によるソーシャル・メディアの特徴

	恩恵的側面	弊害的側面
①持続性	離れていても，いつでもメッセージを送れる。残せる。	つながりっぱなしによる「疲れ」。
②可視性	多くの利用者に情報を発信，共有できる。	無自覚な発信による「炎上」。
③拡散性	拡散された有益な情報と出会える。	不確かなデマも拡散され，受け取ってしまう。
④検索可能性	出会うことのなかった人と出会える可能性。	意図せぬかたちで他人から検索されている。

CHART 表 5.1 ボイドによるソーシャル・メディアの 4 つの特徴

を紹介したい（⇨章末 Bookguide）。

　ボイドはソーシャル・メディアのアフォーダンス（環境・特徴）として以下の 4 つの特徴を挙げている（表 5.1）。

　①持続性：SNS 等に書き込んだメッセージやアップロードされた画像は多くの場合，それは消えることなくインターネット上に残ることになる。この特徴は，リアルタイムで行う会話のようにその場限りのものではなく，離れた場所や時間を通じてやりとりができ，さらに発した情報が持続的に残っているので，後から閲覧したり繰り返し閲覧することができるというポジティブな側面をもたらしている。一方で，これはネガティブな側面にもなる。会話のように対面状況で，はじまりと終わりがあるものではなく，スマートフォン等のメディアの電源が入っていれば，メッセージは届く。こうなると，本来，持続性によってメッセージはいつでも好きなときに見られるにもかかわらず，どういうわけか人はすぐに応答しようとすることがある。そして，人によってはいわゆる「SNS 疲れ」のような状態になってしまう。

　②可視性：SNS をはじめとするソーシャル・メディア上に発信された情報は多くの利用者に可視化される。つまり SNS を通じて，人は簡単に多数の利用者と情報を共有し，距離を超えてコンテンツにアクセスすることができる。

　一方で，可視化されていることに無自覚に発信したメッセージがトラブルを引き起こすこともある。後述するが 2000 年代からしばしば話題になる，「炎上」と呼ばれる現象は，この「可視性」の特徴と深く関わっている。また，ボイドが強調する点は，インターネット上の情報の多くが基本的には可視性にさ

1 SNS とは何か ● 81

らされており，可視性の範囲を狭めるためには技術的な操作が必要だということだ。利用者が制限をかけない限り，投稿した情報が誰からでも見られるというSNSは少なくない。

③拡散性：ソーシャル・メディアやSNSは，そこで発信された情報が容易に拡散されるという特徴をもつ。むしろ，SNSなどのサービスは，多くの場合，リンクのシェアが奨励されるような仕組みで，人々の発信した情報をより多くの人に拡散しやすくなるよう設計されている。それゆえ，人々がオンラインに投稿するものの多くは，操作ひとつで，「拡散可能」となっている。

さらに，あるSNS上で発信された情報が異なるSNSで参照され，拡散されることも少なくない。複数のSNS間で相互に参照されながら，情報は拡散されうる。この拡散性によって，マス・メディアからは知りえなかった有益な情報に素早くアクセスできることもある。一方で，不確かな情報やあからさまなデマが拡散されてしまうこともある。

④検索可能性：検索エンジンの進化により，SNSのユーザーや，ネット上に発信されたコンテンツやコミュニケーションは「検索可能」なものとなっている。人々は気になったらデータベースにあたり，ユーザーを検索したり，気になるキーワードで誰かによる誰かについての無数のメッセージを検索したりすることができるようになった。

その恩恵的な側面として，これまでは出会えることのなかった人や情報と出会える可能性があるということがある。アカウントの自己紹介欄に自分の趣味に関するキーワードを書き込むことで，同じ趣味をもつ人が検索したときに出会えるようになるかもしれない。また気になるトピックについて検索することでそのトピックに関するさまざまな情報を手に入れることができるかもしれない。

また逆に弊害的な側面としては，意図せぬかたちで他人から検索される可能性も増えている。先に記したように，SNS上で発されるメッセージは検索エンジンを介して再浮上する可能性を考えたうえで投稿されているとは限らない。他者から検索されるとは思っていない少人数間でのやりとりも，検索によって他者の目にさらされやすくなっている。

上の4つの特徴についてボイドは，インターネット以前のメディアにおいて

も見られるものだったということを強調している。確かに，私たちは小学校や中学校の頃，インターネットに接続せずとも，紙の手紙やプロフィール帳を回したりして「つながり」を生み出し，メッセージのやりとりをしていた。ソーシャル・メディアについて考えるとき，インターネット以前，あるいはSNS以前のつながり，そこで用いられていたさまざまなメディアについて考えることは重要だ。SNSが根本的に我々の友人関係やコミュニケーションを変えたというメディア決定論的な発想ではなく，メディア環境の変化，利用サービスの変化のなかで，何がどのように変わっているのかに注目する必要がある。

次に，これまで登場してきた主要なSNSの内容を振り返りながら，インターネット上のつながり，コミュニケーションのあり方に如何なる恩恵をもたらしていたのかを振り返りたいと思う。

SNSの恩恵

▶ つながりをもたらすサービスの変遷

SNSが私たちに何をもたらしたのか。日々急激に変化しているSNSのありよう，そのサービスのありようの変遷を追うことで，その恩恵の側面を確認したい。

SNSは，2000年代において，劇的に多様な展開を果たしていると言える。海外では，02年にFriendster，03年にはMySpace，orkutといったサービスが始まった。04年にサービスを開始したFacebookは，現在では世界中で利用されている。

一方，日本におけるSNSの普及，流行を考えるうえでまず言及されるのは先に紹介したミクシィだろう。2004年にサービスを開始したミクシィは，すでにミクシィに参加している人からの「招待メール」によって参加でき，登録・利用は無料だった。日記やさまざまなコンテンツについてのレビューを書くことができ，申請して相互に承認しあった「マイミクシィ」のホーム画面にはマイミクシィの更新が表示される。日記等は公開範囲を設定することができ，閲覧者はコメントを書くことができる。さらに誰が閲覧したのかがわかる「足あと」機能がある。また，「コミュニティ」と呼ばれる掲示板機能があり，そ

こで知り合った者同士がマイミクシィになることがある。

　ミクシィが登場した頃の新聞記事を見てみると，「2ちゃんねる」などのインターネット上の匿名掲示板やブログといったソーシャル・メディアとの比較がなされ，そこではミクシィには「炎上」がないことが特徴として挙げられていた。つまり，ミクシィはサービスを利用するにあたって「招待メール」が必要であることや，閲覧者を「ともだち」に制限することができるといった機能，つまりは可視性の利用者による制限があるため，「安心」をもたらす，というわけだ（後に，ミクシィでの炎上も話題になるのだが）。

　また，この時期の SNS の特徴として，当時は利用メディアとしてスマートフォンが普及しておらず，SNS は「パソコン用 SNS」「携帯電話用 SNS」という区別のもとにサービスが提供されていた。2004 年に登場したミクシィやグリーがパソコン用 SNS として有名になっていく一方で，モバゲータウンは携帯電話用 SNS として多くのユーザーを獲得していった。特にケータイを主として利用していた中高生等 10 代を中心に会員数を増やしていた。

　次に挙げる SNS は，スマートフォンの普及と並行して広く知られるようになったものだと言える。2006 年に英語版のサービスを開始していた Twitter が 2008 年に日本語版のサービスを開始，人気を博すようになる。Twitter はミクシィのような招待メールの必要がなく，アカウントを登録した後は，140 字以内のメッセージを「ツイート（つぶやき）」したり，他のアカウントをフォローすることで，自分のタイムラインに表示される他のアカウントのツイートを閲覧したり，リツイートしたりすることができる。

　2008 年当時は SNS の 1 つとして紹介されることは少なく，字数制限の特徴などから「ミニ SNS」と呼ばれることもあった。2011 年の東日本大震災の際には，電話や携帯メールでの連絡がとれなくなるなか，諸 SNS，特に Twitter は利用することができ，安否確認や連絡が比較的スムーズに行えたということが注目された。メッセージの持続性，不特定の者へのメッセージの拡散性といった特徴が際立っていた。

　他の著名な SNS として，Facebook がある。2004 年，大学の学生の交流を図るためのサービスとして，アメリカでマーク・ザッカーバーグを中心に生み出され，世界中で利用されている。2008 年に日本語版が提供されるようにな

84 ● CHAPTER 5 ソーシャル・メディアの功罪

り，2010 年に公開されたザッカーバーグをモデルとした映画『ソーシャル・ネットワーク』公開以来，当時まだ普及が遅れていた日本においても広く知られるようになっていった。実名での登録を基本としており，他のアカウントとの共通の友達や，学歴，職歴などさまざまなデータなどから，他のアカウントのなかから友達候補となりうるものを「知り合いかも」として表示する。その精度の高さが話題となった。また，高齢の利用者が多いこともその特徴として指摘されることがある。

　また現在日本において多くの利用者を得ている SNS として，LINE がある。主たる機能としてインターネットフォン（「無料通話」）やテキストチャット（「トーク」）をもち，テキストチャットでは有料のサービスを含め，多様なスタンプや絵文字を使用することができる。またテキストチャットは特定の複数の参加者のみの投稿閲覧を行う「グループ」をつくることができる。また，Twitter のつぶやきとは異なり，閲覧された投稿が見られたかどうか「既読」表示によって示される機能があり，メッセージに対する応答や無反応であることが明示化される，コミュニケーションの接続に志向したデザインとなっている。

　以上，列挙した SNS は，著名な SNS の一部である。また写真共有を主たる目的とする Instagram は 2014 年に日本語アカウントを開設し，2017 年には，投稿した写真の見栄えの良さを意識した「インスタ映え」が流行語大賞の年間大賞に選ばれている。このように，日々新しい SNS が登場し，時に流行し，私たちのつながり，コミュニケーションのあり方に影響している。

　SNS は「ソーシャル・ネットワーキング」という名をもつとおり，さまざまなつながりを可能にしている。一方で，SNS は「リアル」な「つながり」に恩恵をもたらしている。学校や職場などふだん顔を合わせる人たちとの「つながり」の維持，拡張という側面もある。学校から帰っても，LINE で「おしゃべり」のようなやりとりを続けることができる。また，すでに卒業したり離職したりしたかつて所属した組織の人間関係を維持したり，再びつなぐ側面もある。地元から離れたり，卒業したりして疎遠になった友人・知人と Facebook で「つながる」ことは多いだろう。

　このような既存の「リアル」な「つながり」への恩恵の一方で，SNS を通

した新しい「つながり」の発生も，SNSがもたらした恩恵としてある。企業SNSや，地域SNS，趣味のSNSなどがそれである。

　たとえば，自治体や地域の有志によってSNSがつくられ，地域運営のための情報共有などが模索されている。また，FacebookやTwitterには，さまざまな企業や地域自治体の公式アカウントやページが多数つくられており，マス・メディアとは異なる可視性や拡散性を利用した広報や，一般ユーザーとの交流がなされている。

　趣味のSNSとしては，ミクシィのコミュニティ機能は普段所属している組織だけでなく，好きなアーティストのコミュニティや特定の趣味のコミュニティを作成，参加することができる。さらに，特定の趣味をコンセプトとするSNSもある。その代表的なものはpixiv（ピクシブ）だろう。ピクシブは2007年にサービスを開始，2018年2月にユーザー登録数が3000万人を超えた。イラストの投稿・閲覧を主たる目的としながらも，利用者間のつながりをもたらしている。SNS上でのコメントでのやりとりだけでなく，同人誌即売会やオフ会などの趣味を介したイベントでの「つながり」を補完する側面がある。

SNSの弊害

▶ 叫ばれるSNSの諸問題

　SNSがもたらす新しい人とのつながりやコミュニケーションのあり方は，先にも述べたように，すべてが恩恵ばかりというわけではない。その新しさはある種の弊害をももたらしている。ここでは広くマス・メディアで言われてきたSNSの弊害について紹介したい。

　まず，SNSの普及による日常的な利用に関する弊害として「○○疲れ」がある。これは2004年のミクシィの流行のとき，「ミクシィ疲れ」として注目を集めた。自分が書いた日記にコメントがつくかどうか気になって頻繁に閲覧したり，マイミク申請をすべきかどうか過度に悩んだりして，そうこうしているうちに突然やめたりする。疲れてしまったというわけだ。他のSNSにおいても似たような過度な利用とその負の側面が指摘される。Twitterの過度な利用をやめられない「ツイ廃」など，SNSのもたらした新しいつながりのかたち

に対する過度な適応，利用による疲れ，生活への支障を指す語彙はSNSの数だけ増えていると言える。

　SNSへの過度な没入による「疲れ」とは異なり，「リアル」な人間関係におけるトラブルの延長上でSNSが利用される問題もある。いわゆるSNSを「いじめ」に利用する事例がそれだ。2000年代には「学校裏サイト」と呼ばれるソーシャル・メディアを利用したいじめが社会問題化され，2010年代においてはLINEのグループから特定個人を外す「グループ外し」などのSNSの特性を利用したいじめが注目を集めた。SNSの可視性を利用し，特定個人をインターネット上のつながりから排除するということがしばしば起こっているようだ。荻上（2008）が指摘するように，注意しなければならないのは，SNSが「いじめ」を引き起こしているというより，日常的な人間関係のトラブル，いじめの問題においてSNSが用いられることが多いということだろう。

　もう少し非日常的なトラブルとして，「炎上」がある（ネット炎上の研究として田中・山口 2016）。SNS上で第三者にも閲覧可能な状態であるにもかかわらず，そのことを意識せずに不適切なメッセージを発信し，そのメッセージを見つけた第三者がそのメッセージを拡散することで，収拾がつかなくなり，そのなかで発信者が過剰に非難されることがある。たとえばミクシィにおいて未成年飲酒を報告する日記を公開し，第三者が発見（可視性），匿名掲示板などで紹介し（拡散性），「炎上する」ということがあった。また2010年以降であれば，Twitterの公開アカウントで犯罪行為を自慢したりするつぶやきを発信し，問題になるという事態が頻発した。利用者は友人であるフォロワーにのみメッセージを送っているつもりなのだろう。しかしアカウントを非公開にしない限り，第三者でもツイートを見ることができる。不適切なつぶやきがリツイートされると，一気に拡散され，炎上することになる。この事態はネット上では「バカッター」と呼ばれ，一時期，ネットの流行語となった。

　SNS上でやりとりをするとき，その相手は何者なのか。多くの場合，それは友人であったり，家族であったりする。しかし，SNS上でのやりとりは，あくまでスマホなどのメディアの画面を通したSNSのアカウント間でのメッセージのやりとりである。もし，パスワードの流出などで，SNSのアカウントを第三者に不正に利用されてしまったら，やりとりをしている相手は，想定

しない第三者となることもありうる。こういった不正な SNS の乗っ取り事案はしばしば起こっており，社会問題となっている。

また，SNS を介した「出会い」が悪意のもとに生み出され，トラブルとなる事例も多い。LINE の ID をインターネット掲示板で公開することで「出会い」，LINE でやりとりをするものの，そこで詐欺にあったり，実際に出会った際に，危険な目にあうといったトラブルなどがある。

4 SNS のある社会

希薄化論と多元化論

SNS はこれまでにないインターネット上での「つながり」をもたらした。その恩恵の裏側には，当然ながら，その「つながり」によって起こる弊害もある。だが，テレビや新聞，あるいは身近な大人の口から聞こえてくるのはSNS やそれを利用する若者への苦言，弊害面ばかりだったりする。これはいったいどういうことなのだろうか。

メディア利用環境の劇的な変化のなか，新しいメディアとそれを利用する若者への批判的な言説の典型的なものとしては，新しいメディアを利用することで若者のコミュニケーションは希薄化しているという，コミュニケーションの希薄化論が目立つようになっていた。

そして，この言説に対して，社会学者を中心としてさまざまな研究者がいくつかの立場からアプローチをしてきた。1つには，希薄化論がなぜ産出されるのか，新しいメディアと若者をセットで批判する大人のまなざしに着目するという立場，もう1つには，本当に若者のコミュニケーションは希薄化しているのか，調査を通して検証する立場。この2つの立場から相補的に研究が蓄積されてきている。本章の最後に，こうした SNS とそれを使用する人をめぐって展開されている研究の概況を紹介したい

まず，前者の議論として，北田（2012）は，橋元（1998）らが展開してきた議論を踏まえながら，いくつかの考えられる原因について整理している。まず，「最近の若者は……」という「最近」の「若者」をこれまでになく特殊なもの

として扱う語り口が，それをニュースとして価値づける効果があるからだ。本当にそうなのか調査研究などを通してみることはせず，直感的に新しく，話題として利便性の高い情報を確認せずに話してしまう。

さらに，年長世代自身の関係の希薄化が，若者自身の関係の希薄化として誤認されている可能性がある。新しいメディア，新しい SNS，そしてそれを用いる若者がいる一方，本章冒頭で見たように，年長者ほど SNS を利用していないし，世代によって利用する SNS も異なるといわれている。そういう状況のなかで，年長者が SNS などをめぐる若者のコミュニケーションの批判を繰り返し主張しているのなら，むしろ私たちは，年長者の置かれたコミュニケーション自体を明らかにする必要があるだろう。

インターネットや SNS の状況は明らかに変わってきている。インターネットはほぼすべての人に利用され，仕事においても，日々のコミュニケーションにおいても，インターネット環境は不可欠なものとなっており，SNS はそこで重要な役割を果たすサービスとなっている。

2 つめのアプローチとして，浅野智彦（⇨章末 Bookguide）は，青少年研究会はじめさまざまなアンケート調査の分析を通して，若者の友人関係やコミュニケーションのありようとその変化について次のような特徴を指摘している（浅野 2013）。

まず友人関係が 1980 年代後半以降，状況に応じて切りかえられる，いわば「状況志向」的なものになった。この特徴は，一見すると友人関係から離脱しているかのように見える。が，一方で友人関係についての満足度は上昇傾向にあるという。つまり，状況によって切り替えられるそれぞれの友人関係自体は濃密化しているのだ。そういう意味では，世間でいわれるような「若者の人間関係の希薄化」とは異なり，状況志向で，かつそれぞれの友人関係自体は濃密な，人間関係を生きているのではないか。

変化し続けるコミュニケーション

これまで見てきた，SNS の議論を振り返ってみると，友人関係の状況志向や，**多元的自己**といった現在の若者のコミュニケーションモデルは，SNS のもたらす諸サービスの特徴と親和性があることに気づくだろう。ここで，SNS が若

者の友人関係やコミュニケーションを変えたのだ，というメディア決定論に落ち着くのはあまりに早急な結論にすぎる。だが，現代の若者の友人関係やコミュニケーションは，インターネット環境上でなされる SNS の利用抜きに説明することは難しい状況にあるともいえよう。

　本章冒頭で紹介した，10 年前の SNS の利用の風景を思い出してもらえばわかるように，私たちのインターネット環境，そこでのコミュニケーションのありようは 10 年たらずで劇的に変化した。そして，これからも変化しつづけるだろう。この変化のなかでは，10 年前の若者のコミュニケーションを，その環境を想像することは難しい。だからこそ，SNS の具体的な利用を明らかにし，そこでの利用者の「つながり」のあり方，コミュニケーションのあり方を明らかにしなければならない。

　現在，多くの人は，年齢的に早い段階から SNS を利用している。小学校や中学校で，友人たちが徐々にインターネットデビューをし，SNS でつながっていく。そんななか，自分もその「つながり」に加わりたいと思い，親にスマホをねだる。そこで親と衝突したり，あるいは許可してもらって「つながり」に加わる。こういう状況を想像することは難しくない。しかし，スマホをもてないために，「つながり」に加われないとき，その人が築くのはどんな友人関係となるのだろうか。短絡的な「希薄化論」として SNS や利用者を批判するのではなく，何が起こっていて，何が変わっているのかを知らなければならない。

　先述したボイドは若者のソーシャル・メディアとコミュニケーションについて，徹底して若者の利用実態からアプローチしようとしていた。今，必要なことは，環境の大きな変化のなかで起こっている具体的な友人関係やコミュニケーションにおける SNS の利用実態についての研究や議論を蓄積していくことだろう。

さらに学びたい人のために　　　　　　　　　　　　　　Bookguide ●

●入門書

▶小谷敏ほか編, 2012『若者の現在──文化』日本図書センター

　　希薄化言説の生成メカニズムについての考察「若者論の理由」から, ケータイ小説論, メディアコミュニケーション論まで, 幅広いトピックが1つに収まっている。

▶藤村正之・浅野智彦・羽渕一代編, 2016『現代若者の幸福──不安感社会を生きる』恒星社厚生閣

　　若者の人間関係, コミュニケーション, メディア利用の関係など幅広いトピックについて若者を対象とした大規模調査に基づき考察されている。

▶ばるぼら・さやわか, 2017『僕たちのインターネット史』亜紀書房

　　1980年代から現在にかけてのインターネット環境の急激な変化について, 著者たちの経験に基づいた記述を通して, 知ることができる。

▶藤代裕之編, 2015『ソーシャルメディア論──つながりを再設計する』青弓社

　　ソーシャル・メディアの技術や法をはじめ, 本論では扱えなかったつながりをめぐるさまざまな側面について論じられている。

●理論家ガイド

　　社会学者の浅野智彦（1964-）は『若者とは誰か──アイデンティティの30年〔増補新版〕』（河出ブックス, 2015年）において, 1980年代以降急激に批判的な色を増していった若者をめぐる諸言説のありようと, 社会調査から見えてきた若者の人間関係とコミュニケーションの実態から, 現代の若者のアイデンティティを描いている。

　　また, 社会学者のダナ・ボイド（1977-）の『つながりっぱなしの日常を生きる──ソーシャルメディアが若者にもたらしたもの』（草思社, 2014年）も, 大人が語る俗流批判言説に対する対抗言説となっている。ボイドの場合, アメリカのSNSを利用する若者への徹底した聞き取り調査に基づく知見が展開されており, 日本の研究とは好対照をなしていると言えよう。

●最新の学術論文

▶Lev Manovich, 2017, "Instagram and Contemporary Image," (http://manovich.net/index.php/projects/instagram-and-contemporary-image) (=2018, 久保田晃弘・きりとりめでる訳「インスタグラムと現代

● 91

イメージ」『インスタグラムと現代視覚文化論——レフ・マノヴィッチのカルチュラル・アナリティクスをめぐって』BNN 新社）

CHAPTER

第 6 章

デジタル・コンテンツの功罪

データ化した音楽作品とその価値

INTRODUCTION

　デジタル・メディアが伸長し，文化作品がデジタル・コンテンツとして供されるようになってから久しい。本章では，そうしてデジタル化を遂げた作品／コンテンツの，社会的コンセンサスや制度的変容について取り扱う。なかでもポピュラー音楽に絞って議論を進めたい。というのも，音楽分野は，CD という物質財からファイルデータ化という非物質財への転換がもっとも顕著に進行しているジャンルだからである。書籍や映像作品も近年になって相当数がデジタルデータでの提供となりつつあるが，音楽は 1990 年代後半からその傾向が浮き彫りになり，あわせて経済や法，科学技術，文化的側面からの検討がなされてきた。

KEYWORD

デジタル化　　フリー経済　　アウラ　　商品化

1　デジタル化した音楽

▌音楽をめぐるトピック▐

　最初に注記しておくと，音楽の録音物はすでに 1982 年の CD 発売以降，波長や磁性体によるアナログデータでの保存・表示方式から，0 と 1 の記録信号のデジタル方式に移行している。とはいえ，パソコンがなかった時代においては，音楽を手軽に配信したり，劣化のないコピーをとったり，素人がデータに手を加えることは困難だった。ここでいう「**デジタル化**」とは，パソコンが一般家庭や教育機関に普及して，インターネットを多くの人が使うようになった時点（Windows 95 発売の 1995 年が基点とされる）以降の，シームレス（間断なき）配信，容易な複製，データの可変性という特徴をもった変化を指し示している。さらに音楽に関しては，CD プレーヤーの代替えとなる iPod の初号機が 2001年末に発売されたことで，デジタルデータでの配信・複製の流れが加速していった。

　この変化は音楽関連産業の制度的基盤を脅かすものであり，さまざまな事象が問題になった。諸問題の推移については各種書籍やウェブ記事でも確認できるが，日本レコード協会が公表している統計データやトピックからもうかがうことができる。同協会のウェブサイトには調査報告形式の「音楽メディアユーザー実態調査」（http://www.riaj.or.jp/report/mediauser/）が年度ごとにアップロードされているので，それを参照してみよう。

　2000 年代の各年の特集テーマのキーワードをいくつか拾うと，「音楽ソフトコピー」「CD-R」「コピーコントロール CD（CCCD）」「着うた」「ファイル交換ソフト」など，今では廃れてしまった技術やサービスを話題にしていたことがわかる。違法ダウンロードや無限コピーを防いで音楽パッケージの販売を守るための施策が，さまざまに試行されていたのだ。

94 ● **CHAPTER 6**　デジタル・コンテンツの功罪

それが 2010 年代になると，「動画配信サイト」「スマートフォンの利用」「ライブ・コンサートに係るユーザー動向」「音楽需要の現状と構造変化」などが主要テーマとなる。いずれにせよ音楽のデータファイル化はとめられないのであり，そのなかでどのように音楽産業が生き残りを図るかが模索されている。動画サイトは現在もっとも音楽が聴取されるメディアであり，デバイスではスマートフォンが音楽プレーヤーに取って代わり，生音を求める層はライブに出かけている。そのような昨今のトピックが濃厚に反映された内容となっているのだ。

レコード産業売り上げの低迷

　作品／コンテンツのパッケージ販売の低迷は音楽にとどまらず書物や映像作品にも共通しているが，音楽でいえば，CD パッケージの売り上げは 1998 年をピークに右肩下がりとなり，100 万枚以上のセールスを記録するミリオン作品の数も 2000 年代以降はっきりと減少している。図 6.1 は，日本レコード協会の統計資料を筆者がまとめ直したものである。「総生産金額」は，CD，アナログディスク，テープなど音楽ソフトの合算で，ほぼ CD の数値であったが，2002 年より DVD やブルーレイなど音楽ビデオの生産金額も合算している。全体に対する音楽ビデオの構成比は年々伸びていて，2008 年までは 10% 台だったが，2009 年以降は 20% を超えている。「有料音楽配信」は，インターネットによるダウンロード購入を意味するが，携帯電話の着うたなども含まれ，日本ではむしろそちらがメインであった。「ミリオン数」は，シングルとアルバムの合算で，2009 年までは当該年に発売された作品を対象とし，2010 年以降は当該年に認定された作品で当該年以前に発売されたものを含んでいる。

　図を見ると，現在の市場規模は最盛期と比較すると半分以下になっていることがわかる。先述したように，統計では 2002 年から音楽ビデオの金額を合算しているので，その数字を抜けばさらに低落が浮き彫りになる。また，パッケージ販売の低下分を補うと期待されたデータ音楽の配信事業も，思うようには伸びていない。モバイルフォンがガラケーからスマートフォンに移行したことで，着うたや着うたフルの需要が減少したのである。なお，2012 年に少しもち直したように見えるのは，AKB48 をはじめとするアイドルブームがピーク

1　デジタル化した音楽　● 95

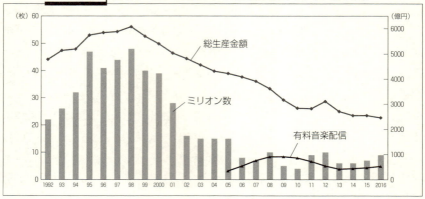

CHART 図6.1　日本の音楽ソフト総生産金額とミリオン数の推移

に達していて，握手券を求めて大量の枚数のCDを購入する層が生じていたからである。

　この長期にわたる低落傾向がインターネットの普及とデジタル配信の無料聴取を原因とすることはいうまでもない。音楽を聴くために金銭的対価を支払い，CDを所有するという人々の行為が，新しいシステムの前で古びたものとなったのだ。

　しかし，では人々が音楽に興味がなくなってしまったのかというと，そのようなことはない。NHK放送文化研究所が2012年に行った若者の意識調査では，「関心のあること」の中高生を合算した平均の2位が「音楽」(50.1％)である。全16の質問項目中，これを上回るのは「友だちづきあい」(55.2％)のみであり，「将来のこと」(48.8％)，「成績，受験」(45.2％)，「クラブ活動」(41.3％)，「スポーツ」(36.1％)，「テレビ番組」(29.7％)，「おしゃれ，ファッション」(29.5％)よりも高い数値となっている（NHK放送文化研究所編 2013：付13）。

　また，青少年研究会（http://jysg.jp/）が東京と神戸で実施した2012年調査のデータ（一部2002年調査との比較）を見ると，10の文化ジャンルのうち「最も関心があるもの」「最もお金を使うのに抵抗がないもの」「最も長時間接しているもの」のすべてで音楽が他を引き離した1位となっている（表6.1）。特に若年層（16〜29歳）は，関心も支出も時間も突出して音楽に意識を向けていることがわかる。

CHART 表6.1 文化ジャンルの比較（数字は％）

		文学	音楽	演劇	お笑い	アート	テレビゲーム	マンガ	アニメ	映画	テレビドラマ
最も関心があるもの	若年	9.0	31.3	2.8	7.0	4.9	7.5	9.4	7.1	13.4	5.8
	中年	16.3	22.5	2.6	7.5	7.4	2.5	3.3	3.3	17.0	14.3
2002年調査	若年	8.3	37.4	2.0	7.2	5.7	4.0	4.4	1.4	15.7	12.1
最もお金を使うのに抵抗がないもの	若年	16.1	27.2	3.6	0.9	3.9	9.1	17.0	2.7	16.6	0.9
	中年	22.5	27.0	3.9	1.8	5.7	4.2	8.1	1.0	19.2	1.8
最も長時間接しているもの	若年	7.4	38.7	1.6	4.3	2.2	10.6	8.3	6.6	4.6	14.0
	中年	14.3	25.3	0.6	6.8	2.6	4.0	3.1	3.8	6.0	29.2

（注）若年は16-29歳，中年は30-49歳

　こうした状況から，以下のようなことがいえるだろう。音楽は以前も今も人々に求められている。ただし，アルバムを作品の単位として物品販売するやり方や，チャートねらいのシングルをリリースするというパッケージビジネスの威力が失われ，旧来のモデルに即さない入手方法や流通回路，販売手段が普及しているということである。

デジタル化を好機ととらえる

　ボブ・ディランは1960年代初頭，「時代は変る」というタイトルの曲を歌った。古い価値観にとらわれているものは沈んでいくだろう，目をよく見開いて行く末を見守り，新しいものを選びとるのだ，という内容のメッセージソングである。読み方によっては，変わることを望まない人が何をどのように考えようとも社会は容赦なく変化しつづけていく……ともとれる。
　文化作品の価格体系が破壊されていることや，著作権侵害行為が横行していることなど，確かに従来のシステムにデジタル化はそぐわない。しかし，そこに新しい可能性を見いだすべきというのが，メディア論の趨勢である。

新たな著作権の制度を

2000 年代初頭，アメリカの法学者レッシグは，世界規模で広がる音楽ファイルのネット配信利用が新しい種類の"生産"を可能にすると述べた。「これは単に CD やカセットテープの代用じゃない。安い配信——それもさまざまな品質で——はちがった形で音楽をサンプリングできるようにしてくれる。それは翻って音楽の市場を拡大する。わざわざ買わなくてもいろんなことが試せるようになるからだ」(Lessig 2001＝2002：195)。レッシグは，万人が平等に，世界中に溢れかえっている豊かな音楽を享受し，それだけでなくパソコンや DJ 機材を用いた作品"創造"の一員に加わることのできる未来を展望していた。

もちろん，現行の著作権保護システムのままでは，そうした試みは著しく制限を受ける。それゆえレッシグは，「クリエイティブ・コモンズ」(著作物の自由利用の範囲をあらかじめ明確化し，事前許諾を不要にした著作権処理システム) の概念を提唱し，人々の意識の変革を伴う制度の実現を促したのだ。

デジタルコピー，ネット配信，加工ソフトウェアによるサンプリング，これら複製と編集のためのテクノロジーを活用した作品創造のネットワークは，実際すでに運用されている。誰かがつくったトラックに，複数の人々がサウンドをのせて，それをまた誰かが加工し，そうやってできあがった作品が世界中に広まっていく。

クリエイティブ・コモンズの成功事例は電子版冊子『ザ・パワー・オブ・オープン』にまとめられており，日本語版も含めて (2011 年度版については) 9 カ国語に訳されていて，オープンサイトでダウンロードできる (http://thepowerofopen.org/downloads/)。たとえばヒップホップの DJ 兼プロデューサーの DJ ヴァディムは，コミュニティ・リミックス・サイトの ccMixter を利用して，彼のトラックをダウンロードして好きなようにつくり替えることができるようにしている。「人々は自分のリミックスをアップロードして友人と共有しています。それによって音楽への注目度が高まっています。これは人々が音楽とかかわり合いをもつためのすばらしい方法で，ラジオで音楽をただ聞くだけよりも感情や愛情，魂を込めることができます」(Creative Commons Corporation 2011：15) (図 6.2)。

CHART 図6.2 クリエイティブ・コモンズを語る DJ ヴァディム

水のような音楽

アメリカの音楽家クセックとレオナルトは，レッシグの理念をさらに推し進めて，「水のような音楽」というキャッチフレーズを唱えていた（Kusek and Leonhard 2005＝2005）。私たちの住んでいる社会では，蛇口をひねれば水がいくらでも出てくる。もちろんそれはタダではない。安定した水を供給するために多くの従業員が働いていて，私たちは安全な水を受け取る対価を支払っている。しかし，公益の名のもとにある事業はたいていそうだが，その支払いは私たちの日々の金銭的な習慣に組み込まれていて，それを気にすることはほとんどない。

音楽もそのようになると，彼らは未来を予測する。目覚めの音響に，通勤通学のお供に，会議の BGM に，気分よく料理をつくるために，リビングでの鑑賞用に……聴きたい音楽が，欲しいときにいつでも手に入り，心地よいシャワ

ーとして浴びることのできる水のような存在になる未来である。実際，最先端のテクノロジーに基づいた商品開発は，そのような方向に向かっている。ジョギング時に携帯できるメモリ型プレーヤー，存在感を隠しつつテレビスタンドやシーリングライトに組み込まれるスピーカーシステム，衣服に縫い込まれるオーディオセット，AI と対話できるスマートスピーカー。耳だけを動員して「ながら聴取」ができる音楽の特性は，これらのポータブルかつシームレスな方向をめざす技術開発と親和性が高いのである。

　しかしここで問題なのは，現行のパッケージビジネスや著作権管理システムである。旧来のままに高い対価を支払って，面倒な段階を踏まなければ音楽が手に入らない状況では，このような未来像も絵空事に終わるだろう。クセックとレオナルトは，守旧派の数々の言説に反論することによって自説の説得力を高めようとする。いわく，音楽はレコード店に陳列されるモノとしての製品ではなく，エンターテイメントでありコミュニケーションであり情熱なのだ，ファイル共有が音楽産業を殺しつつあるのではなく，現在の価格体系こそを見直すべきなのだ，アーティストのキャリアを立ち上げるために元手がかかるならば，インディー音楽の隆盛は何なのか，などなど。

　音楽産業に儲けを放棄せよと迫るのではない。薄くお金を徴収するダウンロード一括管理的な組織をつくり，小さく細くとも長く愛されるシステムを構築できれば，無理のない市場が形成されるだろう。圧縮された MP3 音源では満足できず CD を所有したい層に対しては，そのときもまた水のビジネスを思い出せばいい。水道水で物足りない人は，エビアンなどのパック入りの水を購入している。「水のような音楽」モデルは，寒々とした荒野が広がる無法地帯ではない。

　2018 年現在，クラウド技術を応用した Apple Music や Spotify などのサブスクリプション（定額配信）サービスが世界的に支持を広げつつあり，クセックとレオナルトの予言は現実味を増している。本書が世に出る段階では，邦楽のラインナップに頼りなさが残るが，膨大な楽曲数を確保したサブスクリプションサービスでは，月々の安価な対価を支払えば「いつでも／どこでも」好きな音楽を聴くことができるのである。

100 ● CHAPTER 6　デジタル・コンテンツの功罪

フリー経済への対応

2009年，アメリカの著述家アンダーソンは「情報（ビット）は無料になりたがっている」という挑発的な言葉とともに話題書『フリー』を発表し，21世紀型の「ただで何でも手に入る」状況に対して，その仕組みと対策を考察した。実際，GoogleをはじめとするIT企業は，ほとんどの情報や付加サービスに対してユーザーから料金をとらないで，それでも大金を稼いでいる。

アンダーソンによると，フリーのビジネスモデルは「Ⅰ 直接的内部相互補助」「Ⅱ 三者間市場」「Ⅲ フリーミアム」「Ⅳ 非貨幣市場」の大きく4種類に分けられる（Anderson 2009＝2009：34-42）。「Ⅰ 直接的内部相互補助」とは，あるモノやサービスを売るために，他の商品を無料にする手法である。スーパーの試食や，化粧品の試供品，パンを一品買えばもう一品無料など，この手の客引きは昔からあった。IT系では，プロバイダー契約でタブレットを無料にするようなサービスがそれに当たる。業界は通信料やコンテンツ料で収入を得たいわけだ。「Ⅱ 三者間市場」は，二者が無料で交換をすることで市場を形成し，第三者がその費用を負担するモデルである。ラジオやテレビなど，広告収入に依存するメディア産業はすべてこれに当てはまる。私たちはメディアを通じて制作物やサービスをただで受け取り，その制作費はスポンサーが支払っている。

「Ⅲ フリーミアム」は，デジタルコンテンツ時代にもっともふさわしいモデルで，有料のプレミアム版のユーザーが無料利用者を支えるというものである。デジタル製品の世界では，一般に「5％ルール」と呼ばれるものがあり，5％の有料利用者が，残りの95％の無料利用者をカバーするといわれている。それが可能なのは，情報処理能力，記憶容量，通信帯域幅の向上によって，生産と流通コストが限りなくゼロに近づいているからである。

「Ⅳ 非貨幣市場」とは，金銭以外をモチベーションとして，無償で労働力を提供しあう市場である。AmazonのブックレビューやWikipediaの項目づくりは一銭にもならないが，人々は注目や評判を糧に，あるいは以前もらった情報が役に立ったので今度は自分が提供するという贈与の気持ちをもとに，日々，対価を期待しない労働を行っている。無料なのになぜ市場と呼べるのか，とい

う疑問も当然起こりうるが、ウェブの世界での注目や評判の価値は馬鹿にできない。IT系の成功企業のなかには、無料経済で注目度を上げて株価を上昇させる戦略をとるところも多い。

音楽に関する**フリー経済**の成功例として、アンダーソンはプリンスとレディオヘッドの事例を取り上げている（Anderson 2009＝2009：204-207）。プリンスは、2007年7月に新作アルバム『プラネット・アース』をロンドンの『デイリーメイル』紙の景品として配布するという試みを行った。これを受けて、レコード会社が正規発売を中止するという事態が引き起こされたが、プリンスのコンサートチケットの売り上げは伸び、「パープル・ワン」と銘打った全21回の公演はすべて完売した。また、新聞社もブランド価値を高めるという相乗効果が生まれた。

レディオヘッドは、2007年10月に新作アルバム『イン・レインボウズ』をオンライン配信し、値段を購入者自身につけさせるという実験を行った。その結果は、無料でダウンロードするユーザーばかりでなく、なかには20ドル以上払う人もいて、平均価格は6ドルだった。その後、CD化して発売されたこのアルバムは、（デジタル音源も含めて）300万枚以上の売り上げを記録した。アルバム発売後のツアーは、レディオヘッド過去最大の規模となり、チケットは120万枚売れたのである。

2つの事例は、アンダーソンの図式でいえば、「Ⅲ フリーミアム」に当てはまる。多くのただ乗りユーザーがいる一方で、一部のプレミアムユーザーがライブやディスクに対価を支払っている。また「Ⅳ 非貨幣市場」モデルにも近く、デジタル情報である音楽を「注目・評判」財として使用し、情報（ビット）化できないライブを収益の手段としている。プリンスやレディオヘッドほどの規模ではないにしても、現在、ミュージシャンの少なくない数がこうしたモデルへの移行を視野に入れている。新曲が生まれれば、まずオフィシャルビデオとしてYouTubeにアップロードし、そこからアルバムやライブの売り上げを期待するやり方である。

▌メディア論者のメッセージ▐

と、以上のような主張がなされてきたわけだが、こと音楽（や映画や文学な

ど）において，そのような未来が理想なのかと私たちは疑う。水は地球の物理的環境が生みだす恵みだが，音楽は人間の精神的な力が生みだす作品である。人間がつくるものである以上"やる気"や"芸術的心性"といったファクターを抜きにすることはできず，それを，私たちがありがたみを忘れるほど等閑視した水と同じものとして受け取ることができるだろうか。

ひとつ言えるのは，こうしたメディア論者の訴えかけは，すべて「個人化社会」への対応を視野に収めながら行われていたということである。音楽をアルバム単位で聴くこと，売り上げチャートを気にすること，プロフェッショナルの創作品が供給されるのをただ待つこと，こうした旧来のあり方は終焉し，もっと直接的な，それぞれの嗜好をもつ個人のもとへ異なる一曲を送り届けるテクノロジーが，すでに現実化している。まさに私たちは，このデジタル化と個人化が進行する時代に「目をよく見開いて行く末を見守る」必要があるだろう。

３　デジタル化を秩序破壊ととらえる

そのためにもここで異なる意見に触れてみよう。本当に，旧来のあり方をひっくり返して突き進んでいくことが私たちの"幸せ"に直結するのかということを。

ここで，以前よりなされている論点を繰り返すつもりはない。つまり，デジタルコピーや無料ダウンロードがレコード会社の損失を招く，アーティストのやる気を削ぐ，小売店の危機を意味する，などの批判は，たいていにおいて事実であろうし，そうした視点からさまざまな事柄を配慮することは無益ではない。ただ，それこそ時代は否応なしに変わっているのである。CDよりもずっと便利で手軽な方法が広まっていく経緯を元に戻すことはできない。現在の経済的・法的問題は過渡的なものであり，誰かが変化に対応する収益手段を見つけ，折り合いのつくラインで音楽の供給は続くだろう。

ここではもう少し哲学的に，私たちが文化作品に触れることの"意味"や"重み"などを考えてみたいのである。

手触りの感覚

たとえば「時代は変る」と 50 年以上前に歌ったボブ・ディランが，なぜ変わる時代を代表して，託宣のように彼の言葉がとらえられているのか，ということを根本的に考えてみよう。ボブ・ディランに対するリスナーの視線が，彼を単なる流行歌手にとどめなかったからに相違ない。そしてそれを可能にしたのは，アルバム単位で彼の「芸術」が評価され，その「歴史」を積み重ねてきたからである。それは古ぼけたレコードとともに父親世代が語る若き日の想い出なのかもしれないが，その追憶が，ほかでもないレコードという "モノ" に託され，後世に形を残して引き継がれているのである。

哲学者の黒崎政男は，「現在進行中の多くの技術革新は，従来の技術が段階的，連続的に達成してきた樹木や果実を大型台風のように根こそぎ吹き飛ばしながら，状況を完全に変化させてしまう」（黒崎 2002：10）と，デジタル・メディアが過去の歴史的経緯を無にしてしまう事態を危惧した。デジタル化における最大のメルクマールは，それが「質料性」から解放されたことにある。データは自身の容れ物には無頓着であり，0 と 1 の信号差をつけることのできるストレージデバイスなら，HDD，CD-R，メモリなど何でも受け入れる。私たちはすべての情報を 1 台のパソコンで処理することができる。それは多くの利点を与えてくれてはいるが，そこに歴史の深まりという重層性は感じにくく，手触りの感覚に乏しい。

黒崎はいう。「もしかして，音楽の喜び，写真の喜び，書物の喜びが，情報そのもの（形相）の受容にあるだけでなく，SP レコードのシェラックという素材と竹針の擦れる音に，印画紙に含まれる銀の輝きに，盛り上がったインクと紙の素材感に，つまり総じて，情報の質料性にもあったとしたら，どうなるだろう。情報の質料性が情報の価値に深く関わってきたとすれば，質料性に無頓着なマルチメディアの情報は，我々に深い愉悦を与えることはできないと言ったら言いすぎだろうか」（黒崎 2002：31）。

モノへのこだわり

日本人はモノにこだわる，と言われることがある。あまり大きいくくりで一

般化するのはよくないが，戦後日本の復興が，電化製品や車などモノの情熱的な開発によって先導されたことは事実であるし，モノへのこだわりへの自負心が（NHK の人気番組「プロジェクト X」や「プロフェッショナル仕事の流儀」などの）神話的な語りによって継承されつづけていることは言えるだろう。オーディオに関してもそうしたこだわりは随所に見られ，たとえば生演奏オーケストラを聴く機会などほとんどなかった大正時代の青年が，フルオーケストラの SP 盤セットを小脇に抱えて街頭に出向くことを，文化生活を営む人間の証として誇らしげにしていたという（倉田 1979：262）。もちろん大量消費の時代になってからもコレクターはたくさんいるし，BOX セットやアナログ限定版などレアものマニア向け商品は需要がある。さらにいうと，あたかも時代に逆行するかのようにアナログレコードの売り上げが（市場全体の数％ ではあるが）現在進行形で伸長しており，その動向については第 4 章でも触れている。

　また，そこまでコレクター資質のない人でも，気に入ったアーティストの新譜の発売日にショップに出かけ，CD ジャケットを確認し，レジを済ませ，いそいそと封を開けて歌詞カードを確認したときの，その手応え，モノを手に入れた充実感は，確かにアナログレコードの時代と変わらないであろう。しかし，すべてがデジタル化したとするならば，そのような精神の充溢を私たちは感じることができるだろうか。

　一時期，その革新性と違法性の双方で話題になったファイル交換ソフト（個人端末同士をネットワークで結びファイルを交換するためのツール）の存在を例に考えてみよう。WinMX というソフトウェアでユーザーがファイル交換を開始する場合，交換相手との交渉の際には，希少かそうでないか，売れているかどうか，評価がどうかという基準に気を配ることはほとんどなく，あるアーティストのアルバム（××メガバイト）とビデオ作品（××メガバイト）の容量が釣り合えば交換が開始されていた。作品の固有の形状や内容ではなく“何メガ”という量りが重要だったのである（南田 2004：100）。いわば，芸術文化作品が，ただ“情報”としてやりとりされているのである。

情報への一元化

　くわえて，今人々の間でやりとりされる情報は，文化作品に限らず，デジタ

ル化が生じていなかった時代と比べてきわめて膨大な量になっている。次から次へと新しい情報へと駆り立てられる日々は徒労感を増長させるだろう。再び黒崎の言を引こう。「時間を要する熟練，沈思黙考などという文化を支えてきた思考形態は，（広義の）電子メディア時代においては，軽んじられ，すべてはスピーディーに，かつ誰にでもわかるものに書き換えられ，置き換えられていく。一度聞いただけで理解できないような内容は，無視，排除される」（黒崎 2002：43）。

　もちろん，ここでは全面的なデジタル化を仮定した極論を展開しているのであって，パッケージ文化がすべて消失してデジタル作品に置き換えられるわけではない。ただ，前節の最後で触れたこととも通じるが，あえてデジタル化か否かという究極の選択肢を立てることで，気づかされることは多い。モノが与える喜び，時代の刻印，貴重な作品，芸術の高み，沈思黙考，こうした観念が時代とともに薄れていき，すべてが情報として一元化されるなかで，守るべきものは何か，捨ててしまっていいものは何か，個々人が振り返ってみることが問われているのである。

4 文化作品の価値とは

　文化作品を伝えるメディアの変容と，その功罪を問う議論は，ドイツの哲学者ベンヤミンとアドルノ（⇨章末 Bookguide）が 20 世紀前半の時代状況のなかで行った論争を彷彿とさせる。時代は，19 世紀末に生まれた映写機や蓄音機が普及期に入り，映画やレコード鑑賞，ラジオが市民の娯楽となっていたころである。

┃ベンヤミンのアウラ論┃

　1936 年，ベンヤミンは，のちの芸術論に大きな影響を与えることになる『複製技術時代の芸術作品』を刊行する（Benjamin 1936 = 1970）。同論文には，版画から写真，映画に至る複製技術の発展によって，芸術作品の鑑賞方法が変容したことが述べられていた。複製された作品は繰り返し何度でも観ることが

できるので，美術館ではわからなかった画面のディテールがわかるようになり，一部をクローズアップして見せるような展示も可能になった。さらに，それら複製作品は写真やフィルムという媒体とともに移動できるので，どこででも鑑賞できるようになった。

　この変化は，芸術がかつて備えていた「いま／ここ」にしかないという一回性や稀少性からくる礼拝的価値＝アウラを消失させる。ここでいう**アウラ**（aura）の概念は，それを英語発音でオーラと読めば理解しやすい。「オーラをまとう」というように，人や事物が，何か独特の雰囲気を発すると思えるときがある。私たちは，この世に1つしかないものにはオーラを感じやすいが，いくらでも出回るコピー品にはそれを感じにくい。複製技術の時代を「アウラの消失」としたベンヤミンには，オーラをまとって秘匿化されてきた芸術の「ほんもの」性（＝真正かつ正統であること）を問い直す目的もあったのである。

　うやうやしく，丁重に，神経を集中させて人々が接してきた芸術は，「いつでも／どこにでも」出回ることによって，展示的価値に取って代わり，気散じ（散漫な意識）的に，もしくは分析的に視聴されるようになった。ベンヤミンがいうには，その気散じ的・分析的な接し方は，芸術鑑賞の新しいフェーズを開く。アウラが消失することによって，芸術は，伝統や権威による一面的な見方から解放され，一部の上流階層だけが享受するものではなくなり，大衆の新しい感覚で鑑賞されるものとなったのである。

▌アドルノの商品化批判▌

　そのような立論に対して，ベンヤミンの盟友でもあるアドルノは，1936年の書簡にて異議を申し立てる（Benjamin and Adorno 1994＝1996：139-47）。アウラの消失を喜ばしいこととするのはかまわないが，それを「自律的な芸術作品」にも当てはめることは見過ごせない，という内容である。

　アドルノは，大衆向きの芸術作品に革新的な力はないと考えていた。何よりもまず作品の複製は，コマーシャリズムの蔓延＝**商品化**をまねく。本来的にモノは「使用すること」に価値がある。芸術の場合であれば，その精神性や技術の高度さをじっくりと鑑賞する視聴態度である。しかし資本経済が活発になるにしたがって「交換すること」に価値が置かれるようになる。所有を自慢する

4　文化作品の価値とは　● 107

ために，話題の種にするために，より多く売るために……。それが芸術の商品化である。商品化はマンネリズムとセンセーショナリズムに囲われたもので，人々を同じ方向に進路づけて規格化する道具であり，「管理された時代」の象徴である。それに比して超然的にそびえる自律的な芸術作品は，作品の内面から訴えかける声を有しており，人間はあくまでもその唯一無二の声に耳を傾けるべきである。人間が人間らしく生きるために，芸術が与えてくれる感銘や衝動は計り知れない。やすやすと商品化の渦におぼれることを是としてはならない。

　ベンヤミンが映画などの視覚文化を前提にし，アドルノが音楽という聴覚文化を前提にしていたという違いはあるが，前者が文化的なデモクラシーの立場を，後者が文化的なエリーティズムの立場をとっていたのは確かである。そのどちらが正しいかというと，双方に一理があると言わざるをえない。私たちは，上流階級にだけ作品の閲覧が許されていた時代に戻ることはごめんだが，かといって日々マス・メディアから流される商業作品に革新の息吹を感じることも難しい。複製技術が社会の隅々まで浸透してポピュラー文化全盛の時代を迎えるにつれて，アドルノの考えは古くさいものとして処理されることが多いが，コマーシャリズム（商業主義）が文化の現場で問題になることも多く，2人の発した論点はアクチュアルな課題を提起しつづけている。

▎複製化時代とデジタル化時代の比較 ▎

　そこで，戦前に行われていたこの論争と，今の時代状況との共通性に話を移すことにしたい。前述した，アウラ，商品化の2つのキーワードを基軸に考えてみよう。

　かつての論争での「複製以前のアウラをまとった自律的文化作品／複製以降のポピュラー文化作品」の図式は，現在の「デジタル化以前のポピュラー文化作品／デジタル化以降の情報としての文化作品」に似ている。ともに前者が由緒正しき「正統性」を表していて，後者がコモディティ化した「遍在性」を表している。

　もちろん，事態はより複雑になっている。かつて複製される文化作品は，アウラの消失したものとして現前していた。しかしいまや，複製作品にこそアウ

図6.3 芸術文化をめぐる環境の変容と価値の変化

ラが宿っているかのようである。確かに複製作品に一回性，稀少性はないものの，それに接する私たちの態度は礼拝的な価値を帯びていることに気づく。個人化された社会に生きる私たちにとって，集団が承認するアウラに気を配ることはない。個人個人がそこに「何かが宿っている」ととらえれば，パッケージングされた録音（録画，製本）品は作品の正統性が保証されたものになる。複製技術をもとにしたポピュラー文化作品は，大規模なデジタル化を前にして，むしろアウラを有するものの位置にスライドしているのである（図6.3）。

アドルノはしかし，録音品をあがめる態度を——物神崇拝（フェティシズム）と名づけて——批判したのだが，批判の最大のポイントは，精神性よりもモノに価値を置く態度が，商品化を促進すると考えていたためであった（Adorno 1963＝1998）。その商品化という観点から見ると，現在の事態はどう映るだろう。「複製以降のポピュラー文化作品」が「複製以前のアウラをまとった自律的文化作品」よりも商品化していることは間違いない。では「デジタル化以降の情報としての文化作品」は「デジタル化以前のポピュラー文化作品」よりも商品化が進んでいると言えるのだろうか。

第2節で，デジタル化した音楽の流通ルートは旧来の商品経済にそぐわないことを述べた。それはアルバムを作品の単位として物品販売するやり方や，チャートねらいのシングルをリリースするパッケージビジネスには当てはまらない。もっと遍在するかたちで，自然化されたものとして，直接リスナーのもとへ広まっていくプロセスを描くことができる。

そこでは，商品化が必然的に伴う固定的な解釈や一定の規格にはめこんでしまう作用は生じにくい。「時代を表した名曲！」「話題騒然！」などの売り文句は効果を及ぼさないのである。むしろ，その音を気に入るかどうかという個人の判断だけに，音楽の基準が「純化」する可能性を秘めていると言えなくもない。

　ということは，文化作品がとにもかくにも世に溢れでることの積極性を見ようとしたベンヤミンと，商品としてのフィルターを通すことなく作品の本質に触れようとしたアドルノの，双方を納得させるのが，デジタル化時代の音楽ということになるだろうか。しかし，そうはならないだろう。先述したような，「芸術」が「情報」になって処理されかねないという論点，これを2人が見過ごすとは思えないからである。

文化作品の価値

　芸術，文化，作品，コンテンツ。それらのもつ意味合いは，時代とともに，テクノロジーの変化とともに，変遷していく。技術がすべてを決定するわけではないが，私たちの内面的な視聴の態度がそれらの外的条件に寄りかかっているのは事実である。日々接する文化作品——棚に整然と収納されたCDと，メモリもしくはクラウドに放り込まれた無数の楽曲群——が，自分にとってどのような価値をもっているのか，自分の置かれた社会の状況を考えることを通じて，一歩メタレベルの視点によって見渡してほしいと願う。

　そうすることによって，私たちの文化作品への関心のありようが見えてくるはずだし，今までよりも1つ深い段階で文化作品に愛着をもてるようになるであろうから。

さらに学びたい人のために　　　　　　　　　　　　　　　Bookguide ●

● 入門書

▶ 新宅純次郎・柳川範之編，2008『フリーコピーの経済学——デジタル化とコンテンツビジネスの未来』日本経済新聞出版社

　　アンダーソン『フリー』と同様の現状認識と問題関心で書かれた編著。日本の事例が数多く示されている。

▶ 多木浩二，2000『ベンヤミン「複製技術時代の芸術作品」精読』岩波書店

著者によるアウラ論の解釈に加えて，ベンヤミンの同論文も全編所収されているので，初学者にはうってつけ。

▶ 細見和之，1996『アドルノ──非同一性の哲学』講談社

アドルノが単なる大衆文化批判者でなく，深遠な哲学と人間主義の思想に裏づけられていたことを知る最適の入門書。

●理論家ガイド

　ヴァルター・ベンヤミン（1892-1940）は，ドイツの哲学者。エッセイ風に描かれた断片的で絵画のような文体と，21世紀の都市と人間を予見したかのような分析であるため，現代にも新たな視点からの研究書が多数発刊されている。翻訳は多数あるが，代表作は「複製技術時代の芸術作品」（多木浩二版に所収）や『パサージュ論』（岩波書店，2003年）になるだろう。本格的にその思索の全容に触れるなら，ちくま学芸文庫の『ベンヤミン・コレクション』1〜7巻が，訳文も読みやすくおすすめである。

　テオドール・W・アドルノ（1903-1969）はドイツの社会学者。音楽に造詣が深く，作曲活動もしていた。フランクフルト学派の批判理論を代表する思想家であり，その影響は現在でも大きい。翻訳は多数あり，メディア論や定量調査研究の書物もあるが，代表作は『啓蒙の弁証法』（マックス・ホルクハイマーとの共著，岩波書店，2007年）『否定弁証法』（作品社，1996年）『美の理論』（河出書房新社，2007年）の批判哲学三部作となろう。

　2人はナチス・ドイツに追われた亡命先で，それぞれ孤独な研究を余儀なくされるなか，書簡をやりとりしてお互いの哲学的洞察を深めあった。その内容については『ベンヤミン／アドルノ往復書簡── 1928-1940』（上下巻，みすず書房，2013年）で読むことができる。

●最新の学術論文

▶ 松井広志，2013「ポピュラーカルチャーにおけるモノ」『社会学評論』63 (4)，503-518

CHAPTER

第 **7** 章

ネット広告の功罪
監視社会と消費行動への自由

お客様の現在のステータス:
このブラウザにおいて、楽天の行動ターゲティング広告の機能は＜無効＞な状態です。

| 無効にする(オプトアウト) | 有効にする |

(引用元：楽天「行動ターゲティング広告」http://grp12.ias.rakuten.co.jp/optout/index.html)

INTRODUCTION

　都市には広告が多く，毎日のように風景が変わる。ところが都市を離れると広告は減り，風景の変化はゆっくりだ。多様な人々が集う場所にはたくさんの広告があり，いつも同じ人ばかりの場所には広告は少ない。

　従来の広告は，このように「人の規模」をあてにしてきた。ところがインターネットは，それとは異なる広告を可能にしている。個人認証技術を活用したインターネットは，わざわざ「人の規模」をあてにしなくても広告の確実性を高められるからである。

　こうした展開は「マス広告」から「ターゲット広告」への変化と言われる。本章ではこうした展開を「広告の個人化」ととらえ，具体例を参照しながら，社会理論と関連づけてみたい。

> **KEYWORD**
>
> 消費行動　多元的自己　リキッド・サーベイランス　パノプティコン

1　ネット広告とは？

　まず，インターネット広告（以下，ネット広告）を概観しておきたい。『日本の広告費』（電通）によると，ネット広告は①マスコミ4媒体広告費（新聞広告，雑誌広告，ラジオ広告，テレビ広告），②衛星メディア関連広告費，③インターネット広告費（媒体費，広告制作費），④プロモーションメディア広告費（屋外，交通，折込，ダイレクトメール，フリー・ペーパー／フリー・マガジン，POP，電話帳，展示・映像他）という4分類の1つに位置づけられている。

　広告費で比べると，ネット広告がラジオ広告を抜いたのは2004年，雑誌広告を抜いたのは2006年，新聞広告を抜いたのは2009年であり，ネット広告は2000年代になって市場規模を拡大し，テレビ広告との差を年々詰めている。特に2000年代になってからは新聞の発行部数が減り（日本新聞協会「新聞の発行部数と世帯数の推移」），携帯端末を含むネット利用者が増え（総務省『情報通信白書』），ネット広告は日常的なものになった。

　表7.1は1990年代半ばからのネット広告の主な形式をまとめたものである。

　ここで重要なのは，ネット広告がテクノロジーの革新と同時並行で展開してきた点である。たとえば，検索連動型広告やコンテンツ連動型広告はGoogleなどの検索サービスが2000年代になって広く使われるようになってはじめて可能になった。また，位置連動型広告はGoogle Map（日本語版は2005年7月公開）やiPhone（日本では2008年7月に発売）などGPS（グローバル・ポジショニング・システム）機能を内蔵したスマートフォンが普及したからこそ，可能になったものである。さらに動画広告が可能になるためには，YouTube（2006年に公開）などの動画配信サービスや大容量のデータを滞りなく再生可能にする高速通信網の整備（光回線やWi-Fi環境，データのトラフィック管理の向上）が必要だった。

114● CHAPTER **7**　ネット広告の功罪

CHART 表7.1 ネット広告の主な形式

種類	説明	日本での動向
バナー広告	ウェブページ内に画像リンクを広告として配置するもの。	1996 年 7 月に Yahoo! JAPAN が取り扱いを開始
メール広告	電子メール内にテキストリンクを広告として配置するもの。	1997 年 1 月にユナイテッド・デジタルが「メールマガジン」の取り扱いを開始
検索連動型広告	検索したキーワードに関連した広告を検索結果画面に表示するもの。リスティング広告とも呼ばれる。	2002 年 9 月に Google が「Adwords」の取り扱いを開始
コンテンツ連動型広告	ウェブページ内の単語を分析し，内容に即した広告を自動的に表示するもの。コンテンツマッチ広告とも呼ばれる。	2003 年 12 月に Google が「AdSense」の取り扱いを開始
行動ターゲティング広告	ウェブページの閲覧履歴を分析し，ユーザーの興味関心に即した広告をコンテンツとは無関連に自動表示するもの。	2007 年 2 月に Yahoo! JAPAN が「行動ターゲティング広告のネットワーク配信」を開始
位置連動型広告	利用端末の位置情報を分析し，ユーザーの現在地に即した広告をリアルタイムで表示するもの。	2006 年 3 月にシリウステクノロジーズが「AdLocal」の取り扱いを開始
動画広告	動画コンテンツが始まる前に広告映像を表示，また動画コンテンツ再生中にバナー広告を映像内に表示するもの。	2013 年 4 月に YouTube が「インストリーム広告」の取り扱いを開始
インフィード広告	ソーシャル・メディアのタイムラインに流れるコンテンツの合間に広告を表示するもの。	2015 年 5 月にスマートフォン版「Yahoo! JAPAN」でインフィード広告を採用
ネイティブ広告	まるで広告ではないかのように，広告を表示するもの。記事体広告やタイアップ広告とも呼ばれる。	2015 年 3 月に日本インタラクティブ広告協会がガイドラインを発表
インフルエンサー広告	ソーシャル・メディアで大きな影響力のあるユーザーが，動画や画像で商品を紹介するもの。	2014 年頃に YouTuber, 2016 年頃にインスタグラマーが注目される

　つまり，ネットを支えるテクノロジーとコンテンツを快適に表示する通信環境が 2000 年代に次々と改善されたからこそ，ラジオ広告，雑誌広告，新聞広告を追い抜くようなネット広告の急成長が可能になったのである。

広告の個人化と消費行動

広告の個人化とシェア

　こうしたネット広告の特徴は双方向性である。従来の広告は送り手から受け手への一方向的な情報発信だったが（テレビコマーシャルや新聞広告），ネット広告はユーザーからのリクエストに応じてサーバーから情報が発信されるため，マス広告よりもインタラクティブで個別性が高い。

　たとえば，ウェブページにアクセスしたとき，一瞬の間が空いてからコンテンツが表示されることがある。実はあの瞬間にコンピュータに保存された個人情報と合致したネット広告のリアルタイムオークション（RTB：Real Time Bidding）が行われており，そこで落札した広告主のコンテンツがタイムラインや記事や動画の広告スペースに表示されている。

　マス広告では広告代理店を介して「どういう媒体にどんな広告を出すのか」を事前に決める必要があったが，ネット広告はアドテクノロジーと呼ばれる配信技術を活用して「どういう人にどんな広告を出すのか」をリアルタイムで決めている（2014年頃から）。ネット広告はその配信技術を常に最適化することで，広告主とユーザーのマッチングを成立させている。

　ここで興味深いのは，ネット広告が個人化を徹底しても**消費行動**は一個人で完結しない点である。たとえば，Amazonなどオンラインショッピングサイトには「この商品を買った人はこんな商品も買っています」というリコメンデーション機能がある。この機能は似たような閲覧履歴をもったユーザーとの関連づけを行っており，実際の店舗で商品棚を眺めるのとは質的に異なる経験を可能にしている。

　また，オンラインショッピングサイトでは注文した商品情報をFacebookやTwitterで「シェアする」こともできる。自分の消費行動をソーシャル・メディアに書き込み，まるでコミュニケーションの二段階の流れ仮説における「オピニオン・リーダー」や，イノベーター理論における「アーリー・アダプター（初期採用者）」のように（辻2009），同じ商品を知り合いに薦めることができる。

さらに，食べログや @cosme（アットコスメ）といったユーザーによる「口コミ」評価が企業側からの一方向的な広告よりも信頼されて，消費行動の決め手になることもある（池田編 2010）。ネット広告は確かに個人化しているが，ネットを踏まえた消費行動は他者へ開かれているように見える。

消費行動モデル

表 7.2 は，これまで提唱されてきた代表的な消費行動モデルである。

AIDMA は，広告に「注意」を喚起され，その商品に「興味」をもち，購入したいという「欲望」を抱き，商品を「記憶」して，やがて購入に至る「行動」までをモデル化したものである。テレビコマーシャルや新聞広告といったマス・メディアが前提にされていた 20 世紀にはこのモデルがしばしば参照されたが，ネットが普及し始めた 21 世紀にはこれに修正を加えたモデルが次々と提唱されている。

AISAS は，広告で「注意」を喚起し，その商品に「興味」をもち，詳細を「検索」してから，商品を「購入」して，その結果を口コミサイトやソーシャル・メディアで「共有」するモデルである。ネットを利用した消費行動は個人の「欲望」で完結するというより，親密な他者との「共有」にまで展開するというわけである。

SIPS は，ソーシャル・メディアを踏まえて AISAS を修正したものである。SIPS は，最初に他者からのおすすめに「共感」し，次にその商品の詳細を自分で「確認」し，その商品をめぐるコミュニティに「参加」して，最後に一連の流れをさらなる他者に「共有と拡散」するモデルである。

消費行動モデルはこのほかにも数多くあるが，実はこれらに「正解」はない。そのため，次々と新しいモデルが提唱されては消えている。そのうえで興味深いのは，モデルの変遷において親密な他者が重視されるようになったことである。AIDMA や AISAS では「注意」で始まっていた最初のステップが，SIPS では「共感」になっている。また，個人で「記憶」するよりも「検索」をすればよく，今や商品を購入することだけが「行動」ではない。さらに，コミュニティへの「参加」や他者への「共有」も消費行動の 1 つと考えられるようになった。前節でも述べたように，消費行動はもはや個人で完結していないのであ

CHART | 表7.2　消費行動モデル

モデル名	説明
AIDMA（Hall 1925）	Attention（注意）→Interest（興味）→Desire（欲望）→Memory（記憶）→Action（行動）
AISAS（電通 2005）	Attention（注意）→Interest（興味）→Search（検索）→Action（行動）→Share（共有）
SIPS（佐藤 2011）	Sympathize（共感）→Identify（確認）→Participate（参加）→Share & Spread（共有と拡散）
IPPS（鈴木 2014）	Invite（招待）→Plan（準備）→Participate（参加）→Share & Spread（共有と拡散）

る。

消費行動と多元的自己

　表7.2の一番下にある IPPS は，消費行動に詳しい社会学者の試論である。IPPS は，友人などから何かしらのイベントへの「招待」を受け，そのイベントに向けた「準備」をネット上で公開しながら，「参加」した記録も写真や動画で残し，自らがそのイベントコミュニティの一員であったことを「共有と拡散」するモデルである。具体的にはハロウィンの仮装イベントや市民参加型マラソンのように，何かしらの趣味を共有したコミュニティのオフ会などが挙げられる。

　ここで考えてみたいのは，こうした消費行動が複数のコミュニティを横断する場合である。たとえば，日中はアニメのコスプレイベントに参加し，夕方からはネットゲームのオフ会へ向かうような場合，イベントごとにキャラクターを切り替えることが消費行動と結びついていると考えられる。

　こうした傾向は社会学で「多元的自己」と呼ばれ，「関係に応じて異なった自分を出しながら，その自分がどれもそれなりに本気であるような自己のあり方」と説明される（浅野 2013：169）。これに従えば，自分の設定を1つに絞り込んで商品を購入することだけが個人の消費行動とは考えにくくなる。むしろ，私たちは自分の設定をコミュニティに応じて切り替えながら，フリマアプリ（メルカリなど）やディスカウントストア（ドン・キホーテなど）などで必要なものを調達しているのではないだろうか。このように考えると，関わるコミュニ

ティが多ければ多いほど，高級さにこだわらない消費行動が選択されているようにも見える。

個人情報の社会

巧妙なネット広告

　とはいえ，そもそもネット広告にはややこしい点が多い。まず，ネット広告そのものがかなり巧妙になってきた。たとえば，マクドナルドの新商品発売をめぐる「やらせ行列」（2008年12月）や食べログでの業者による不正投稿（2012年1月），そしてペニーオークションサイトでの詐欺事件（2012年12月）などが発覚してからは，ブログや口コミを活用したネット広告は「やらせ」，つまり「ステルスマーケティング（ステマ）」だと疑われるようになった。

　また，「あなたのパソコンは脅威にさらされています」という警告を表示し，クリックするとセキュリティソフトの販売画面が現れるバナー広告もある（「PCの『脅威』警告　実は広告」『朝日新聞』2014年4月28日夕刊）。これはコンピュータの警告画面とそっくりな広告画像を用いたものであり，ユーザーの不安を煽ってクリックを誘い出すものである。

　さらに，まるで広告ではないかのように広告を表示する「ネイティブ広告」（記事体広告やタイアップ広告とも呼ばれる）も2014年頃から問題となり，業界団体（日本インタラクティブ広告協会）ではガイドラインを出している。広告はその意味内容とは別に，そもそも「これは広告である」という形式への理解が先に生じるのだが（北田［2000］2008），ネイティブ広告はこうした特性を踏まえ，ユーザーに「これは広告である」とすぐには気づかれないような工夫を凝らしたものである。

　その他にも，1つのページに収まる記事をわざわざ複数ページに分割してネット広告の表示回数を稼ぐものや，コンテンツの上に表示された広告画像を消す作業を通じてクリック数をカウントするようなウェブページもある。

　ネット広告は一方で必死に姿を隠そうとするのだが，他方で強引にでも見てもらおうとしている。このようなネット広告は今や「クリックするもの」とい

うより，「クリックさせられるもの」になっている。

絶えざる個人情報の収集

さらにややこしいのは，広告の個人化を支える個人情報の扱いである。たとえば，複数のサービスを使い分けてインターネットを利用すると，その分だけアカウントとパスワードの管理が複雑になる（「パスワード使い回し…不正ログインされるかも」『朝日新聞』2014 年 7 月 17 日）。

またユーザー側でどんなに注意をしても，サーバー側への不正アクセスによって個人情報が漏洩することもある（「ヤフーに不正アクセス　2200 万件ユーザーID 流出か」『日本経済新聞』2013 年 5 月 18 日）。

これに加えて，そもそも個人情報がどのように収集されているのかという問題もある。たとえば Google アカウントを作成する場合，最初に名前，ユーザー名，パスワード，生年月日，性別，携帯電話の番号，現在のメールアドレス，国／地域を入力しなくてはならない。Google によると，「アカウントを安全に保ち，Google サービスの利便性を向上するため」に個人情報の入力が求められている。

重要なのは，これらに限らない個人情報が収集されている点である。Google に限らず多くのサービスで新規にアカウントを作成する場合，小さな文字で長く書かれた「利用規約」と「プライバシーポリシー」に同意しなければならない。表 7.3 は Google がどのような個人情報を収集しているのかを，利用規約とプライバシーポリシーからまとめたものである。

個人情報のなかには，ユーザーによって入力を求められるものと，自動的に収集されるものがある。Google のプライバシーポリシーによると，これらの収集は「お客様に合わせてカスタマイズしたコンテンツを提供するため（関連性がより高い検索結果や広告を提供するなど）」と書かれており，2 種類の個人情報を組み合わせることがネット広告の要になっていることがわかる。

また，こうした重要な記述を含んだ利用規約やプライバシーポリシーがバージョンアップを何度も繰り返しており，ユーザー登録時には書かれていなかったことに自動的に同意させられていることもある（「ツイッター利用者　アプリ情報送信気づかぬ恐れも」『朝日新聞』2014 年 11 月 29 日）。

120 ● CHAPTER 7　ネット広告の功罪

CHART 表 7.3　Google が収集している個人情報（2018 年 5 月現在）

収集している情報	具体例
アカウント登録時の情報	氏名，生年月日，性別，携帯電話番号，国や地域，メールアドレス，クレジットカードなど
端末情報	ハードウェアの種類やソフトウェアのバージョン，端末固有の ID やネットワーク情報など
ログ情報	検索キーワード，通話に関する履歴，IP アドレス，ハードウェアの設定，ソフトウェアの利用状況など
現在地情報	IP アドレス，GPS，Wi-Fi アクセスポイント，各種センサーの位置など
Cookie および同様の技術	ブラウザの設定内容，ピクセルタグや匿名 ID によるウェブやメールの利用状況など
その他	固有のアプリケーション番号，ブラウザウェブストレージ，アプリケーションデータのキャッシュなど

　つまり，登録ユーザーに再び読まれる可能性の低い利用規約やプライバシーポリシーのバージョンアップが，ネット広告を常に最適化する個人情報の絶えざる収集を可能にしている。

┃ ポイントサービスとビッグデータ ┃

　いわゆる「ポイントカード・サービス」は，こうした個人情報の絶えざる収集と私たちの消費行動を結びつけたものである。そもそもポイントカードは1990 年代にチェーンストアで広く普及したサービスであり，当時は一企業内での使用を想定した「一般ポイントカード」だった。ところが 2000 年代になってグループ企業や提携先でも使える「共通ポイントカード」が登場し，これがオンラインショッピングとも連動を始め，「楽天スーパーポイント」（2002 年11 月〜，楽天），「T ポイント」（2003 年 10 月〜，カルチュア・コンビニエンス・クラブ），「ポンタ」（2010 年 3 月〜，ローソン）といった共通ポイントカードが広く使われるようになった。

　それでは，これらのポイントカード・サービスはネット広告としてどんなことをしているのか。たとえば，楽天スーパーポイントではユーザーの顧客情報を「楽天スーパー DB」というデータベースで管理しており，会員の属性，購入履歴，ポイントの付与履歴，クーポンの活用履歴などを統合したうえで，①

3　個人情報の社会　● 121

基本属性（デモグラフィック：性別，年齢，住居，職業，年収など）②行動属性（ビヘイビア：購入履歴，サービス利用，頻度など）③心理的属性（サイコグラフィック：行動特性，嗜好性，ブランド，趣味，ライフイベントなど）④地理情報（ジオグラフィック：人口統計，エリア特性など）の４つを組み合わせた分析をしている。具体的には，「会員の属性や購入履歴を利用し，会員全員を『家事はお任せ』『グルメ大好き』『お手軽ビューティ』『おしゃれメンズ』『本・CD・ゲーム家でじっくり派』などいくつかのグループに分類」し，「次に，検索履歴やクリックストリームデータ（サイトを渡り歩いた軌跡）も合わせて分析を行い，会員一人ひとりに表示するバナー広告を変えたり，楽天市場や楽天ブックスでお勧めする商品を変更」している（城田 2015：16-17）。

またTポイントでは，ユーザーの性別・年齢・住所・カードの利用履歴などから「傾向データ」を導き出し，「ライフスタイル分析」を行っている。たとえば，①「居住地のエリア特性」「カーグッズの利用」「年代による保有率」などから「車を保有しているかを推測」し，②「年代」「郊外・市街地」「Tカードの利用時間帯」などから「朝方・夜型の行動特性を推測」し，③「レジャー・スポーツ用品の購入」「映像レンタルの頻度」「Tカードの利用時間帯」などから「アウトドア・インドア派を推測」している（CCC「ライフスタイル分析に用いる「傾向データ」の取り扱いについて」http://www.ccc.co.jp/customer_management/report/report_004428.html）。

もちろん，こうしたデータは推計データであり，私たちの消費行動と完全に一致するわけではない。またどれほど興味深い分析がなされたところで，基本的にはポイントカードの会員に限られた話でもある。とはいえ，このように私たちの消費行動と個人情報を組み合わせることで，今までよりも人間をデータの集合として理解することが可能になってきたとも言えそうである。

いわゆる「ビッグデータ」は，こうして収集された複数のデータを集合させたものである。ネット上における行動履歴に限らず，体温や歩行数などを記録するウェアラブルデバイスのバイオセンサー，自動車や公共交通機関の位置情報など大量のデータを組み合わせ，「データサイエンティスト」と呼ばれる統計的知識を踏まえたITビジネスの専門家が，人間の予測を超えた推測をビッグデータから導き出す。2015年頃からはこれにIoT（Internet of Things：さまざ

まなモノにセンサーを取りつけてデータを収集すること）とディープラーニングと呼ばれる第三世代の AI（人工知能）ブームが重なり，私たちの消費行動を AI で予測する動きも活発になってきた。

　ここで重要なのは，データとしての必要性が事前に検討されてから収集されるのではなく，とにかく自動的にデータを集めてから使いみちを決めようとしている点である。また，データを収集する機器の多くは民間企業によって開発運用されるため，実はどこの誰が何をいかに収集・蓄積しているのかというビッグデータの全体像もよくわからない。

　こうしたなか，任意のデータを用いて何かしらの分析がグラフィカルに「見える化」されても，信頼性や妥当性が担保されているとは言いがたい。しかしこうした知見の「正しさ」とは別に，まるでエンターテイメントのように可視化できる点に，ビッグデータの奇妙な明るさはある。

▋ 監視社会と消費行動 ▋

　このように何でもかんでもデータを収集する状態を，カナダの社会学者ライアンは「監視の複合体」と呼んでいる。いわく，「個人データを利用しながら，軍事，行政，雇用，治安，マーケティングの各分野で実践され引き出された技法は，結合し合って権力の複雑な母体を創造」している（Lyon 2007＝2011：153）。またライアンはバウマンとの対話のなかで，同じことを「リキッド・サーベイランス」と呼んでいる。いわく，「監視は消費の領域でとりわけソフトなものになっており，…（中略）…，ある目的のために抽出されたわずかな個人データが容易に別のものに転用され，…（中略）…，固定化された容器こそないものの，『セキュリティ』の要請に促され，技術家企業の執拗なマーケティングに駆り立てられた監視は，いたるところに溢れて」いる（Bauman and Lyon 2012＝2013：14）。とりあえず収集されたデータが別の目的に使われる可能性は排除できず，消費のための情報提供が結果的に監視社会の強化につながるというわけだ。

　ユーザーから見た場合，こうした状態はベンサムによって構想され，フーコーの権力論によって理念化された「パノプティコン」を想起させる。パノプティコンとは中央の監視塔から円環状に獄舎が配置された監獄建築であり，そこ

3　個人情報の社会　● 123

での囚人は看守に監視されているかもしれないという可能性において監獄の規律を主体的に身に付けると言われる（Foucault 1975＝1977：203）。

　しかし北田暁大によれば，このようなパノプティコン的な不安もいつでもどこでもネットに接続できるようになった現代社会では形を変えているという。いわく，「見られているかもしれない不安」よりも「見られていないかもしれない不安」であり（北田［2002］2011：126-34），個人の行動が監視されているかもしれないと恐れるよりも，監視された記録が残っていないことで疑いをかけられることのほうが恐ろしくなる。情報技術を活用して何でもかんでもデータとして収集する現代社会では，監獄の外でも監視技術を通じた別種の主体化が可能になっているというわけだ（規律訓練型社会から環境管理型社会へ）。

　本章にとって重要なのは，こうした監視技術が消費行動と結びついている点であり，それが私たちの選択肢を強く水路づけている点である。ガンディーによる「パノプティック・ソート（一望監視装置による選別）」という議論を踏まえ（Gandy 1993＝1997），ライアンはこうした選択肢の固定化を「社会的振り分け」と呼んでいる。いわく，「いったん特定の種類の顧客として識別されると，私たちがその特定の枠から出て購買することは，ときに難しくなるかもしれない」（Lyon 2007＝2011：20）。企業が収集した個人情報によって好意的だと判定されたユーザーはより有利な扱いを受け，そうではないと判定されたユーザーはより不利な扱いを受ける。そして，このプロセスが自動的かつ累積的に処理されることで有利と不利の格差が固定化される。その結果，消費者ごとに異なる価格設定が示されていることや待ち時間に差が生じていることに気づくことすらない空間的分断（ゾーニング）が社会にもたらされるというわけである。

　厄介なのは，このような状態を私たちが拒んでいるわけでもない点である。バウマンはこれを「消費者社会」と呼んでいる。いわく，「今日，『消費すること』は，嗜好を満たすことというより，自らの社会的な成員資格に投資することであり，それが消費社会の中では『販売可能性』と訳される…（中略）…，消費者の地位を販売可能な商品の地位に引き上げることなのです。…（中略）…，消費者社会の成員は自らも消費財であって，その成員は自らの消費財としての品質によって，消費者社会の真の成員になる」（Bauman and Lyon 2012＝2013：50-51）。

124 ● CHAPTER 7 ネット広告の功罪

消費者社会では私たち一人ひとりが「消費財」であり，その価値をどうメンテナンスするのかで入手できるものが変わる。そのため，共通ポイントカードを効率的に使うためにオンラインショッピングを利用したり，何をどこで購入したのかをわざわざソーシャル・メディアに書き込んで，割引クーポンや優先購入の権利を得る。つまり，消費行動を最適化しようとすればするほど，個人情報を積極的に提供することが「合理的な選択」に見えてくる。こうして私たちは監視社会の気持ち悪さに気づいていても，共通ポイントカードなどの利用をやめられないのである。

4 消費行動への自由

　本章は最初に広告が「人の規模」をあてにしてきたことに注意を促し，マス広告からターゲット広告への変化を「広告の個人化」としてとらえ，これに伴う消費行動を社会理論と関連づけて述べていくとした。そこでまずはネット広告が個人化を徹底するだけではなく，そこから親密な他者をあてにした消費行動も可能にしており，さらにはコミュニティごとに自分の設定を変えながら消費を行うことも可能にしていることを確認したうえで，これを「多元的自己」と関連づけて理解する方向を示した。ネットを活用した消費行動は個人で完結しているというより，複数の他者との共有に開かれていくものなのだと考えられる。

　次に，ネット広告は巧妙さを増し続け，個人情報の絶えざる収集が広告の個人化を可能にしていると同時に，何でもかんでもデータとして収集・分析されてしまう現状を確認したうえで，これを「監視社会」をめぐる議論と関連づけて理解する方向を示した。ネットを活用した消費行動は監視技術と不可分の関係にあるのだが，それでも個人情報の提供によってインセンティブを得られる仕組みになっているので，私たちは「わかっていてもやめられない」のである。

　それでは，これらのことをどのように考えればよいのか。監視社会の議論に従うと，個人情報を提供すればするほどより合理的な結果を得られるため，人間をデータの束としてとらえる社会を夢見ることになる。この場合は個人情報

4　消費行動への自由　● 125

の提供に慎重な立場をとり，個人という単位を大切にした消費行動を選ぶ人も出てくるであろう。

　その一方，多元的自己の議論に従うと，もはや個人とは別の単位で消費行動を達成する社会を夢見ることになる。この場合は個人情報の提供をコミュニティごとに分散させ，たとえばキャラクターを切り替えながらの消費行動を選ぶ人も出てくるであろう。

　個人を尊重する場合，まずは法律に訴えて制度を整える方向が考えられる。たとえば，2014 年から 2015 年にかけては「個人情報の保護に関する法律」（2003 年 5 月成立，2015 年 9 月改正。通称：個人情報保護法）をめぐって，プライバシー保護に関する議論が活発に行われた。なかでもビッグデータにおいて本人が特定されない「匿名化」をいかに実現するのかは重要なトピックとなり，「『ある特定の人間 X はこの情報がインプットされるとこの行動を取る可能性が n% である』と，情報化社会の中で“本人に無断で”誰かに予測されない権利」が主張された（鈴木・高木・山本 2015：11）。

　また，人々の規範に訴えて関係者を律する方向もある。たとえば，日本インタラクティブ広告協会（JIAA）では「プライバシーポリシーガイドライン」や「行動ターゲティング広告ガイドライン」を公開しており，業界としての自主的なルールづくりに努めている。これに従う業者は広告画像の右上部分に i を丸で囲んだ「インフォメーションアイコン」を表示し，行動ターゲティング広告であることを明記すると同時に，個人情報の収集を無効化する「オプトアウト」の手続きページへとユーザーを適切に導くことが求められている。

　さらに，ユーザー自身がテクノロジーに積極的に関わっていく方向もある。たとえば，ユーザーの同一性をブラウザ上で確認している Cookie 設定から不必要なものを削除したり，「Do Not Track」と呼ばれるブラウザの追跡拒否機能を使ってみたり，検索サイトにおける広告表示設定を変えたりすることである。「Google 広告設定」を個別に編集したり，スマートフォンのプライバシー設定で追跡型広告を制限したり，位置情報サービスやジオフェンス機能を無効にすることで個人情報をぼかすことも可能だ。蓄積されたデータよりも自らの判断力を優先したい場合は，これらの設定を変えることで個人が特定される確率を少しは下げることができる。

126 ● CHAPTER **7**　ネット広告の功罪

他方で，個人情報を多元的自己に分散させていく場合はどうだろうか。まずは個人としての同一性を保持したまま，消費行動が最適化された状態を部分的に作り出す方向が考えられる。具体的には，個人情報を提供する範囲をあらかじめ決めたうえで，ネットサービスを利用することである。ブラウザの「プライベートモード」を選択すれば，表示履歴，検索履歴，自動入力情報，Cookie，ディスクキャッシュなどを残さずにウェブサイトを訪問することもできる。つまり，行動履歴を残す使い方と残さない使い方を区別し，両者を切り替えながら個人情報を提供して消費行動を最適化するのだ。

　より徹底するのであれば，個人としての同一性は放棄し，個別のアカウントごとに消費行動を最適化した状態を作り出す方向もある。複数のコミュニティへの参入離脱を繰り返すのであれば，コミュニティの数だけアカウントとパスワードを使い分けることもできる。実際のところ，高校生で62.7％，大学生で50.4％がソーシャル・メディアにおいて複数のアカウントを使い分けているという調査結果もある（電通総研「若者まるわかり調査2015」）。個人としての同一性はぼかし，サブアカウントを使い分ける多元性において，消費行動の最適化をメンテナンスするのだ。

　このように個人を尊重する場合も多元的自己に分散させていく場合も，それなりの選択肢はある。しかし，そのほとんどにおいてテクノロジーへの積極的な関与は不可避である。ネット広告の社会とは，ユーザーからの申し出がない限りは個人情報をどんどん自動的に収集する社会であり，また申し出をしたところで広告表示そのものはなくならない社会である。その意味において，消費行動への自由を本気で考えるならば，監視技術そのものを監視することが必要になる。そしてこの自由は，ソフトウェア開発者になるつもりがなくても，ソフトウェア開発者が何をやっているのかに関心を持ち続けることで達成されるものである（加島 2011）。人間をデータの束としてとらえるのか，それともキャラクターの切り替えで人間そのものは見えにくくするのか。ネット広告は私たちにどのような人間であり続けたいのかを問いかけているように見える。

　とはいえ，どんなに個人情報が収集され，またネット広告のカスタマイズが高度になったところで，表示された広告がそのまま消費行動に直結しているようにも見えない。確かに選択肢の幅がコントロールされることはあるのだが，

4　消費行動への自由　● 127

検索した文字列をそのままネット広告に反映させてくるテクノロジーは「すごい」というより「素朴」に見える。

広告はそれ自身で「これは広告である」というメタメッセージをもっているため，基本的には無視される。そこで広告は一方で必死に姿を隠し，他方で強引にでも見てもらうため，トリッキーな仕掛けを施してくる。このように私たちの常識を何とか裏切ろうとする広告の冗談めいた部分と，ひたすら個人情報の収集に特化して確実性を高めようとしている広告の生真面目な部分。ネット広告の個人化をめぐる現在は，この2つの間を揺らいでいるように見える。

さらに学びたい人のために 　　　　　　　　　　　　　　　Bookguide ●

●入門書

▶北田暁大，2011『広告都市・東京［増補］』ちくま学芸文庫
　　　ディズニーランドや渋谷の空間編成に注目し，メディアと都市経験の関係を分析した文化社会学。

▶ライアン，D.（田島泰彦・小笠原みどり訳），2011『監視スタディーズ』岩波書店
　　　監視社会論の第一人者による，「見ること」と「見られること」の意味を批判的に検討したもの。

▶ギャロウェイ，A.（北野圭介訳），2017『プロトコル』人文書院
　　　フーコーやドゥルーズの議論を踏まえ，情報技術による管理＝制御型社会を批判的に論じたもの。

●理論家ガイド

　　　ミシェル・フーコー（1926-1984）は，フランスの哲学者。1951年にリール大学の助手として採用され，1970年にコレージュ・ド・フランス教授。ポスト構造主義の書き手として知られ，代表作に『狂気の歴史』（1961年），『臨床医学の誕生』（1963年），『言葉と物』（1966年），『知の考古学』（1969年），『監獄の誕生』（1975年），『性の歴史』（1976年ほか）などがある。権力論からセクシュアリティ研究まで幅広く参照されるフーコーの議論のなかでも「言説」という概念はよく知られ，これは「語られ，書かれる言葉の秩序や体制」を問題にしたものである。メディア研究においては雑誌のバックナンバーを通読した上で，フーコーの言説概念を用いて概念

の歴史的変容を説明するものが多い。

●最新の学術論文

▶ 田畑暁生，2015「ビッグデータと監視社会」『社会情報学』3 (3)，127-134

CHAPTER
第 **8** 章

ユビキタス／ビッグデータの功罪

「わたし」という閉域，「みんな」の可視化

INTRODUCTION

　この写真のような自動販売機を見たことがあるだろうか。前面についている小さなカメラと顔認識技術で客の年齢や性別を識別し，天候・気温・時間帯なども加味しながら，その時のその人にぴったりの飲料をおすすめしてくれるものである。何とも頭のよい自販機であり，何を飲もうかつい迷ってしまう人にはとても便利なものかもしれない。だがどこか違和感も残る。顔をカメラに撮られてしまうのもそうだが，機械にそこまでされなくても，という気も少ししてしまう。本章では，この便利さと違和感を出発点に，生活の各所に埋め込まれた情報技術が私たちのデータを収集し，活用する情報環境の功罪，すなわちユビキタスとビッグデータの功罪について考えてみよう。

```
KEYWORD
ビッグデータ　　ユビキタス　　最適化　　一般意志 2.0
```

1 ユビキタスとビッグデータ

個人の情報を集めて活用する

　近年の IT 分野におけるキーワードの 1 つにビッグデータという言葉がある。従来の標準的なデータベースソフトでは処理しきれないほどの情報量をもつデータのことである（Mayer-Schönberger and Cukier 2013＝2013）。では，具体的にどのようなデータをビッグデータというのだろうか。典型的なのは，人々の購買履歴や行動履歴に関するデータだ。たとえば，章扉で紹介した自販機に先立って普及していた電子マネー決済の自販機を思い起こそう。現金で購入すれば何の情報も残らないが，電子マネーで決済した場合には，購入した人の年代・性別，購入した商品，購入した日時・場所といった POS（Point of Sale）データがすべて残る。これが各地から日夜集まれば，それはまさにビッグデータになるだろう。そしてそのデータを分析することで，たとえば「中年男性は夕方に甘い飲料を買う傾向がある」といったことがわかってくる。最終的に，そうした知見と顔認識で識別した目の前の客の性別・年代を突き合わせれば，何がその人へのおすすめ商品かを自動的に判断できる，というわけだ。

　そして，こうしたビッグデータの収集と活用に最適なのがユビキタスな情報環境だ（坂村 2007）。ユビキタスとは，そもそもは「あらゆるところに遍在する」という意味の言葉であり，ユビキタス情報環境においては，各種の情報端末やセンサーが生活空間の至るところに埋め込まれることになる。重要なのは，そこでは人と人だけでなく，人とモノ，モノとモノも通信するという点だ。顔認識の自販機もまさにそうした仕組みになっている。それはビッグデータを蓄積したサーバーに常時接続されており，だからこそ，次々やってくる異なる人に対して，その都度異なるおすすめを提案できるのである。そして，もしこれに類した仕組みを日常生活の各所に用意できれば，そこではさらに多様な情

報サービスが可能になるだろう。たとえば，一人ひとりが自分の行動履歴や購買履歴を蓄積した携帯端末をもち，街の至るところにそのデータを読み取るセンサーがあるとしよう。容易に思いつくように，そこでは端末とセンサーの自動交信によって，街のどこにいても，たとえば「この先にあなたの好きそうなカフェがありますよ」といった情報を提供できるようになる（北川 2002）。

目の前のメリットとデメリット

では，こうしたユビキタスとビッグデータの組み合わせには，どのようなメリット・デメリットがあるだろうか。まず，メリットとして挙げられるのは，提供される情報の的確さだ。もちろん，こうした情報環境がなくても，私たちは各種メディアから日々十分すぎるほどの情報を受け取っている。だが，たとえばテレビ CM を考えればわかるように，そうした情報の多くは不特定多数の人に向けられた情報にすぎない。マス・メディアであるテレビが流す CM はまさにマスに向けてばらまかれているのである。これに対し，ビッグデータ／ユビキタスの情報環境においては，各種のセンサーがそこにいる「わたし」がどのような人なのかを認識してくれる。完全に個人を特定せずとも，購買履歴・年代・性別などがわかれば，少なくともその人が今何を欲している（可能性が高い）人なのかは判断できるのである。ゆえにそこでは，情報はばらまかれるものではなく，ピンポイントで届けられるものになる。その的確さは，効果的なマーケティングを行いたい企業にとっても，有益な情報だけ受け取りたい消費者にとっても大きなメリットだろう。

一方，デメリットとして挙げねばならないのはやはりプライバシーの問題だ。言うまでもなく，個人の購買履歴や行動履歴はかなりセンシティブな個人情報だが，そこにいる「わたし」に的確な情報を届けるためには，どうしてもそうした個人情報を大規模に収集する必要がある。だが，これは利用者の側から見れば，ある種の監視にほかならず，そこには常に一定の不安がつきまとう。実際，2013 年に，JR 東日本が Suica の乗降履歴データを日立製作所へ販売していたことが発覚し，多くの利用者から批判の声があがったのを覚えている人もいるだろう（浅川 2014）。このときもそうだったように，こうした個人情報はいったん吸い上げられてしまえば，その利用法を私たちが完全にコントロール

1 ユビキタスとビッグデータ ● 133

することはできない。それゆえ，利用者の不安を完全に取り除くことは今後も難しいだろう。すでにある程度普及しているものの，ユビキタス／ビッグデータ的な情報環境は，それが与えてくれるメリットと，それが喚起する不安の間で揺れ動いているのである。

では，私たちはこうした新たな情報環境にいかに向き合うべきなのだろうか。この問いに答えるために，以下本章では，ここで見てきたわかりやすいメリット・デメリットの話をいったん離れて，より根本的な次元での検討を必要とするいくつかの事柄について考えてみたい。新たな技術を評価するうえでは，目の前にあるメリット・デメリットだけではなく，より長期的な視点で，その技術の本質に迫る必要があるからである。あらかじめ確認しておくなら，以下本章で考えてみたいのは，まず1つには，「わたし」向けの情報を継続的に受け取ることで，私たちの生のあり方がどのように変化するかという問題（⇨第2節），そしてもう1つには，個人のふるまいに関する膨大な情報を「わたし」のためというより，むしろ公共的な次元で活用することの可能性についてである（⇨第3節）。いずれもやや抽象的な議論を含むことになるが，その検討を通じて，ユビキタス／ビッグデータ的な情報環境の功罪を，より長い射程で考えることができるだろう。

 「わたし」という閉域

それ以外の選択肢の忘却

まずは，1つ目の論点から考えていこう。すなわち，「わたし」向けの情報を受け取り続けるということが，私たちの生のあり方にどう作用するか，という問題である。いかにも大げさな問いに聞こえるが，この点については，早くから重要な視点を提示していた社会学者の鈴木謙介（2007）のそれを中心にいくつか議論の蓄積がある。まずは鈴木の問題提起を追ってみよう。鈴木が問うのは次のような問題，すなわち，ユビキタス／ビッグデータ的な情報環境が常に「わたし」に**最適化**された情報を与えてくれるとき，そこでは逆に，それ以外の選択肢がありえたことが忘れ去られてしまうのではないか，という問いで

ある。もちろんこれは，今日明日にも深刻な事態を引き起こすような問題ではない。先に見た自動販売機であれ何であれ，一回一回の利用場面だけを見るなら，それはちょっと便利なツールということにすぎず，それ以上のものではないからだ。だが，日常生活のあらゆる場面で，そうした「おすすめ」的な情報が，常に自分の判断を先回りする形で提示されるとすればどうか。この点について，鈴木は以下のように述べている。

　　社会生活の様々な場面で，自分が何を選んだか，何を望んだか，何を考えたかということが，あるものは意図的に，あるものは自動的に蓄積されるようになる。そしてその個人情報の集積を元手に，次にするべきこと，選ぶべき未来が，あらゆる場面で私たちに提示されるようになる。アマゾンのお薦め情報からハードディスクレコーダーの自動録画予約機能まで，こうした出来事は，ありふれたものになっている。そのことによって私たちは，それまでであれば気付くことのなかった選択肢を手に入れることができるようになるのだが，同時に，それ以外の未来があり得たことが，私たちの生から抜け落ちていくのだ。(鈴木 2007：16，傍点は引用者)

　ここで想定されているのは，要するに，次のようなシナリオだろう。「わたし」に最適化された選択肢が常に与えられる情報環境においては，あらゆる選択が，「わたし」の主体的な行為（自分自身がこれを選んだのだ！）というより，あらかじめ予定されていたメニューを消化していくだけの経験（あらかじめ決まっていたんだ……）に近づいていく。目の前には，自分の購買履歴や行動履歴から予測されたいわゆる「鉄板」のおすすめ情報が並び，それに従って行動している限り，大きく外すことはない。だが，その対価として私たちは，失敗もありうるが，予測もしなかった豊かさをもたらしてくれるかもしれない，「それ以外の未来」を徐々に忘れていくことになる，というわけだ。飲料のおすすめくらいであれば，ここまで深刻に考えるのはかえって滑稽だろう。だが，私たちが選択するのは飲料だけではない。たとえば，これがジュースやお茶の話ではなく，（個人差はあれ）人の人生により大きく影響すると考えられる本や音楽といった文化作品との出会いに関わる話だとすればどうだろうか。議論は少し切実さを増すのではないだろうか。

CHART 図8.1　Amazonの「おすすめ商品」表示画面

文化作品とどう出会うか

　そこで重要な事例となるのが，鈴木も例示している，オンラインストアのリコメンデーション機能だ。本や音楽といった文化作品をネットで購入する機会はますます増えているが，Amazon，iTunes Storeなどのオンラインストアには必ず，個人の購買履歴に基づいて，その人向けのおすすめ商品を提示する機能がある（図8.1）。これはリコメンデーション・エンジンと呼ばれるソフトウェアによるものであり，そこではたとえば，自分が買った商品と同じものを買った人たち，つまりは同じ趣味嗜好をもつ人達の購買傾向がデータベースから割り出され，属性情報などを加味しながら，「あなたが次に買うべき商品」が統計的に特定されていく。利用したことがある人も多いと思うが，こうした仕組みは確かに，本であれ，音楽であれ，無数にある作品のなかから，次に何を選ぶべきかについて，その選択の負担をかなり軽減してくれる。しかも，当然ながら，「わたし」の趣味嗜好を文字どおり機械的に反映しているため，妙な「ゴリ押し」が混ざることもありえない。

　だが，これを手放しでよいことと言えるかどうかは微妙だろう。やや感覚的な物言いになってしまうが，本や音楽といった文化作品の享受においては，今まで理解できなかったもののよさを理解できるようになる瞬間が重要なステップになることがある。たとえば，それまでミステリーばかり読んでいた人がSFのおもしろさを理解するようになるとき，あるいは，それまでロックしか聞かなかった人がジャズのおもしろさに目覚めるとき，そこに文化作品の享受

者としての「成長」が含まれることがあるのだ。だが，もっぱら自分自身の購買履歴，あるいは自分と嗜好の似た人たちの購買履歴を反映するリコメンデーション・エンジンは，その契機をゆるやかに排除してしまう。おすすめ情報のなかには，今まで読んできたもの，聴いてきたものと同じジャンルの作品が延々と並び，それに従って選択する限り，自分が好きであることがはじめからわかりきっているものだけに触れ，それ以外のものを結果的に遠ざけてしまうことになるのである（南田 2007：247-48）。

┃ チューブ状の空間 ┃

これをここでは，「『わたし』という閉域」と呼んでおきたい。何かを選び取るということに本来含まれていたはずの，ある種の飛躍や偶然がきれいに削ぎ落とされ，これまでの「わたし」の趣味嗜好の外へ出ることが困難になる，といった程度の意味である。そして，これは，ネットの世界でのみ問題になるのではない。冒頭でも触れた，センサーが張り巡らされたユビキタスな街のことを考えてみよう。そこでは，街のどこにいても，センサーが個人のもつ端末のなかにある購買履歴や行動履歴を読み取り，それに従って，「わたし」向けの情報が自動的に送られてくるのだった。この先にある「わたし」好みのお店の情報，近くでやっている「わたし」向けのイベントの情報，そしてその場所へのナビゲーション。要するに，都市という空間そのものが，そこでの過ごし方を提案してくれる情報によって，「わたし」向けにカスタマイズされていくのである。

都市社会学者の若林幹夫は，こうした情報環境のあり方を具体的に分析したうえで，それを「個々人の周囲に現れるチューブ」というイメージでとらえている（若林 2010：195）。若林による図8.2を見よう。人の周りにチューブ状の空間が描かれているが，これは「わたし」向けの情報にナビゲートされながら都市を歩くということがどのような経験なのかを巧みに描いていると言えるだろう。私たちは主観的には都市空間のなかを自由に動き，歩きまわっている。だが，ユビキタス／ビッグデータ的な情報環境に身を委ねている限り，自分が行く場所，自分が経験することの範囲は，暗黙のうちに，「わたし」向けの情報だけを透過する目に見えないチューブ状の空間に枠づけられている。ユビキ

2 「わたし」という閉域 ● 137

CHART 図 8.2　個々人の周囲に現れるチューブ

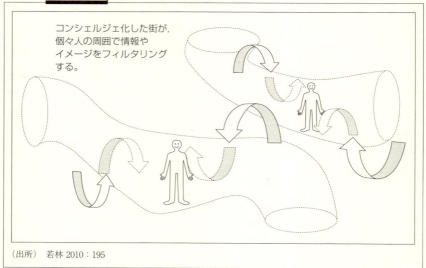

コンシェルジェ化した街が，個々人の周囲で情報やイメージをフィルタリングする。

（出所）若林 2010：195

タス／ビッグデータ的な情報環境は，都市空間においても，「『わたし』という閉域」を出現させていくのである。

　重要なのは，こうしたチューブ状の空間の出現によって，都市という場のある重要な特質が消えていくという若林の指摘だ。若林がいうように，都市は「自分がこれまで属してきた集団や場所から解放されて，多様な未来の可能性へ開かれ」る契機を与えてくれる場であり続けてきた（若林 2010：194）。たとえば，地元を離れた若者にとっての東京という街，あるいは学校や職場のしがらみから離れるために迷い込む都会の雑踏がそうであるように，多様な出自の人々が行き交い，あらゆる文化と情報が交錯する都市は，「これまでのわたし」から解放されて「別のわたし」を試すことを許容してくれる場だったのである。だが，以上の議論から明らかなように，チューブ状の空間はそうした開放性を閉ざしていく。そこでは，都市という場は，「別のわたし」を試す場というより，むしろ購買履歴や行動履歴から割り出された「これまでのわたし」を繰り返し確認するような場になっていくのである。もちろんここで見てきたチューブ状の空間は，「わたし」向けの情報の受け取りを拒否すれば直ちに消え去るものにすぎない。だが，それは少なくとも短期的にはきわめて快適な空間であ

り，その居心地のよさはそう簡単に拒否できないかもしれない。

3　「みんな」を可視化する

┃「わたし」から「みんな」へ

　以上のように見るなら，ユビキタス／ビッグデータ的な情報環境が，思いの
外深い次元で私たちに作用するものであることがわかるだろう。それは，最初
に確認したようなわかりやすいメリット・デメリットをもたらすだけでなく，
私たちの生き方や生活空間のあり方にまで作用しうるものなのである。だが，
その将来シナリオは当然ながら1つだけではない。あらゆるテクノロジーに言
えることだが，同じ種類の技術であっても，その活用の仕方によって，まった
く別の帰結が導かれうるからだ。では，具体的にどのような別のシナリオが考
えられるだろうか。以下，これまでの議論との対比の意味を含めて検討してお
きたいのは，ユビキタス／ビッグデータ的な情報環境の便益を，「わたし」と
いう次元に収斂させるのではなく，いわば「みんな」の次元に向けていく方向
性である。見てきたように，マーケティング的な関心からすれば，とにかく精
緻に「わたし」をとらえ，「わたし」を追尾することがめざすべきゴールとな
る。だが，ユビキタス／ビッグデータ的な情報環境は，実は「みんな」をとら
えることにも長けているのである。

　まずは，シンプルな事例でイメージをつかもう。これまでの事例とはかなり
毛色が違うが，紹介したいのは，「モノのインターネット」（Internet of things：
あらゆるモノにセンサーをつけ，そのモノに関する情報，周囲の文脈に関する情報を収
集するシステムの総称）の文脈で参照されることも多い，地域の降雨状況をリア
ルタイムに把握するシステムだ。具体的な仕組みとしては，まず，特定の地域
のできるだけ多くの自動車のワイパーに，その動きの有無を認識するセンサー
を装着する。そして，そのセンサーから得られるデータ（たとえば，ワイパーが
動いていれば"1"，動いていなければ"0"など）を車の位置情報とセットにして，
リアルタイムでサーバに送る。あとは，各車から送られてくるデータを集約し，
ウェブ上の地図にプロットすれば，車のワイパーが動いている地域と動いてい

ない地域，すなわち，今この瞬間に，雨が降っている地域と降っていない地域をリアルタイムで正確に識別できるようになる。動きの有無をとるだけでなく，ワイパーの動作間隔までをデータとして取得できれば，局所豪雨が発生している地域（＝ワイパーが激しく動いている地域）を特定することもできるだろう（Liszewski 2013）。

すでに述べたように，こうした仕組みが，「おすすめ」的なそれとは異なる，ユビキタス／ビッグデータのもう1つの方向性だと言えるのは，それが，収集したデータを「わたし」に向けてではなく，「みんな」に向けて活用するからだ。より正確に言うなら，そこではビッグデータが「個人の欲求」を推測するためのリソースとしてではなく，「社会の状態」（ここでは，ある地域の天候）を可視化するためのリソースとして用いられるのである。しかもここでなされる「社会の状態」の可視化は，あくまで個人の動向を精緻にとらえるユビキタス技術に依拠しているため，きわめて高い精度をもちうる。もちろん，現実的には，自分の車の位置情報を提供することに抵抗を感じる人も多いため，こうした仕組みを実際のシステムとして運用するのは難しいかもしれない。だが，社会の各所でそれぞれに動いている個人の動向をビッグデータとして収集し，それを，何かしらの公共的な利益につなげることができるなら，それはユビキタス／ビッグデータ的情報環境の今後を考えるうえで，きわめて重要かつ有望な方向性だと言えるだろう。

一般意志2.0

実際，ワイパーの仕組みとはまったく異なる領域においても，こうした方向性を追求することはできる。さまざまな展開がありうるが，ここでは，議論の射程を広げるために，特定の機能を実現する個別サービスという次元を超えて，ある種の社会設計の次元にまで踏み込んだビジョンを検討しておこう。見ておきたいのは，哲学者の東浩紀（⇨章末Bookguide）が提唱する「**一般意志2.0**」の構想である（東 2011）。これまでの議論とはかなりスケールが違うが，端的に言うなら，東が構想するのは，ユビキタス／ビッグデータ的な情報環境の活用による民主主義のアップデートということになる。周知のように，「一般意志」とはルソーの『社会契約論』で提示された概念であり，統治機構がそれに

140 ● CHAPTER 8 ユビキタス／ビッグデータの功罪

従うべき人民の総意とでも言うべきものだ。だが，それは実のところきわめて抽象的な概念であり，現実の政治過程に即座に導入できるようなものではない。東はそこで，今日のユビキタス／ビッグデータ的な情報環境へ目を向ける。つまりそこでは，今日の情報技術によって「一般意志」を可視化し，それを民主主義のアップデートへつなげる，という構想が語られるのである。

　では，その「一般意志」の可視化はいかになされるのだろうか。その前に，あらかじめここで補足しておきたいのは，こうした抽象的な社会思想をめぐる東の議論がきわめて具体的な意思決定の方法の提案にまで至っているという点だ。それはたとえば，ライブストリーミングの動画共有サービスである「ニコニコ生放送」のようなシステムになぞらえて語られる（東 2011：196）。意表をつかれる提案だが，たとえば政府の委員会などの政治的熟議の場に「ニコニコ生放送」を導入したら何が起きるだろうか。そこではおそらく，個別の利害関心を反映した視聴者の断片的なコメントが画面上に無数に書き込まれ，それがいわば大衆の「空気」として，委員の熟議に影響を及ぼすだろう。それはそのままではノイズにしかならないかもしれない。だがそれを今日の情報技術によって「一般意志」として抽出することができれば，それは確かに民主主義のアップデートにつながりうる。東の議論は，このように抽象的な検討と具体的な提案を往還する形で展開しており，その点で，情報技術と未来社会の関係を，単なる予測ではなく，設計という観点から考える際に重要な示唆を与えるものになっている。

　ではあらためて東の議論を追ってみよう。やや込み入った議論になるが，入口として重要なのは，ルソーが用いた「一般意志」という概念の内実，特に関連する2つの概念，すなわち「特殊意志」「全体意志」との違いである。まず，「特殊意志」だが，これはごく単純に個人の私的な利害を意味する。私たちは社会のなかで，それぞれ異なる利害関心をもち，異なる動きをするが，その一つひとつが「特殊意志」だ。「全体意志」とはそのすべてを足し上げたものであり，ゆえにそれは，その名のとおり全体を表してはいるが，結局のところ，私的な利害の総和でしかない。これに対して，「一般意志」はすべての人に共通する利害に関わるものであり，私的利害の単なる総和とは異なるものとされる。だからこそそれは，共同体の全員が従うべき意志として，最高度の正当性

を与えられるのである。だが，ルソーの一般意志概念はその抽象度の高さゆえに，その内実をとらえることがきわめて難しい。「一般意志」が具体的に何を指すのかについては，研究者間でもしばしば議論が錯綜し，多くの場合，神秘化された抽象理念というレベルでしか扱えなかったのである。

　だが，ここからが東の慧眼なのだが，ルソーは著作のある箇所で「一般意志」に数学的な定義も与えており，東はそこに注目する。具体的には，「特殊意志から，相殺しあうプラスとマイナスを取り除くと差異の和が残るが，それが一般意志なのである」という定義である（東 2011：43）。東はここから，「全体意志」が「特殊意志」を単純に足し上げたスカラーの和であるのに対し，「一般意志」とは，「特殊意志」の方向（個人の利害関心の向き）までを勘案したベクトルの和のことなのではないか，と解釈する。たとえば，ある2人の市民が共に福祉の強化を希望し，しかし，そのうちの一人は高齢者福祉の強化を，もう一人は若年層福祉の強化を望んでいたとしよう。この方向の違いを考慮せずに，両者をただ足し上げれば（全体意志），そこでは社会保障費がひたすら膨れ上がることになる。だが，方向の違いを考慮したベクトルの和であれば（一般意志），2つの異なる「特殊意志」を適切に合成して，単に社会保障費が膨れ上がるだけの政策とは異なるプランを導けるだろう。ルソーの時代には知られていなかったベクトルの概念を用いるなら，「差異の和」としての「一般意志」は，実はこのようにかなり明快に把握できるのである（東 2011：44-5）。

　ここまでくれば，情報技術による「一般意志」のバージョンアップという構想が具体的にどのようなものになるかは，ある程度予想できるだろう。見てきたとおり，ユビキタス／ビッグデータ的な情報環境は，個人の趣味嗜好，購買履歴，行動履歴といった情報を膨大に記録しているのだった。それは，ここでの議論に引き寄せて言えば，個人の私的な利害関心の具体的な記録，すなわち，ルソーのいう「特殊意志」の記録にほかならない。だとすれば，あとはそれを分析する適切な手法を開発することができれば，データベースに蓄積された膨大な「特殊意志」の痕跡から，その「差異の和」としての「一般意志」を数学的に導きだせる。それがすなわち，「一般意志2.0」である。そして，東が「熟議とデータベースが補いあう社会」と表現するように（東 2011：145），そこで導き出された「一般意志2.0」を政治的な意思決定をめぐる熟慮と議論，すな

142 ● CHAPTER **8** ユビキタス／ビッグデータの功罪

わち「熟議」の場で常に参照すれば，それは，その「熟議」の質を上げていくだろう。つまりは，民主主義の基本に置かれるべき「熟議」のコミュニケーションが情報技術によってバージョンアップされるのである。

情報環境と社会の形

さて，以上のように見るなら，「みんな」を可視化する技術としてのユビキタス／ビッグデータ的な情報環境の可能性には，やはりかなり大きなものがあると言える。それは，単純に「みんな」に役立つサービスの提供（自動車のワイパーの事例）というレベルだけでなく，民主主義の再デザイン（「一般意志2.0」のビジョン）といったレベルにまで及びうるのである。そして，当然ながら，こうした方向性の具体的展開については，ほかにも無数のアイデアがありうる。ここで見てきた事例はいずれも，「社会の各所でそれぞれに動く個人の動向を収集→それを集約することで社会の状態を可視化→その結果を『みんな』に資する形で活用」といった形をとっているが，この基本形は，おそらく他にも多くの場面で応用できるからである。こうした潮流が今後拡大していくとすれば，ユビキタス／ビッグデータ的な情報環境は，個人をひたすら「『わたし』という閉域」に閉ざしていくのとは異なる，何かしらの公共的な価値を生みだすものになるだろう。

だが，だとすれば，考えなければならない課題も新たに生まれることになる。「一般意志2.0」の構想がまさにそうであるように，そこでは，ユビキタス／ビッグデータ的な情報環境が単なる個別サービスの域を超え，私たちの「社会の形」を基底的な次元で枠づける役割を担うことになるからだ。それは，最低限プライバシーなどの問題に配慮しておけば，後は市場の論理に任せておいてよいという種類のものではなくなる。それはむしろ，きわめて重要な社会あるいは政治のインフラになるのであり，情報環境のデザインがそのまま社会のデザインになるような状況が生まれるのである。こうした状況に対応するためには，工学的な技術論と，そうした技術をその重要な一部として含む社会がどのような形になるべきかを問う，人文社会科学的な議論の協働が実質的なレベルで必要になる。民主主義が情報技術に支援されるような社会においては，社会そのものがますます「文理融合」的になっていくのである。現状，そうした議論が

3 「みんな」を可視化する ● 143

十分に展開しているとは言いがたいが，ここで見てきた東の議論は，そのような意味においても重要な試みになっている。

ユビキタス／ビッグデータ的情報環境にどう向き合うか

▎無意識の貢献者▕

　以上，ユビキタス／ビッグデータ的な情報環境の影響のあり方について，「『わたし』という閉域」，「『みんな』の可視化」という２つの面から検討してきた。もちろん，ユビキタス／ビッグデータの具体的な展開についてはほかにもいろいろありうる。だが，繰り返し述べてきたように，以上の事例を見るだけでも，それが私たちの生のあり方や社会の形という次元にまで作用するものであることは十分理解できるだろう。それは文化消費の形を変え，都市経験の形を変え，果ては，民主主義の形を変えていくかもしれないのである。では，以上の検討を踏まえるなら，私たちは本章の最初の問い，すなわち，こうした新たな情報環境にいかに向き合うべきか，という問いにどのように答えることができるだろうか。いうまでもなく，その答えは冒頭で確認したようなわかりやすいメリット・デメリットから導かれる単純な肯定論・否定論ではない。考えておきたいのはむしろ，そうした単純な肯定論・否定論を超えた問題，具体的には，ユビキタス／ビッグデータ的な情報環境のなかで私たちがどのような位置に置かれるか，という問題である。

　ユビキタス／ビッグデータ的な情報環境における私たちの位置。一言で言うなら，それは「無意識の貢献者」とでも呼ぶべき位置である。見てきたように，「『わたし』という閉域」にせよ，「『みんな』の可視化」にせよ，ユビキタス／ビッグデータ的な情報環境は，私たちの日々の行動に関する情報を大量に吸い上げていく。だが，私たちはそのとき，それをほとんど意識することがない。これは普段の自分を振り返っても明らかだろう。たとえ，知識として知っていたとしても，たとえば，Suicaで自動改札を通るとき，あるいはAmazonの購入ボタンをクリックするとき，私たちがその作動についてじっくり考えるということはほとんどないのである。そして，ユビキタス／ビッグデータ的な情報

環境は，そうした私たちの無意識の貢献によって，ますます豊富なデータを蓄積し，そのサービスの精度を上げていく。つまり，私たちは，日常をただ普通に生きているだけで，ユビキタス／ビッグデータ的な情報環境の進化の一部に組み込まれているというわけだ。

　もちろん，これ自体はユビキタス／ビッグデータの仕組み上避けようがないし，無意識のうちに善いシステムに貢献できるのであれば，それはむしろ望ましいことだとも言える。だが，今，善いシステムという言い方をしたが，「無意識の貢献者」に，それぞれのシステムの善し悪しを考える契機がどれほどあるだろうか。むしろ，私たちの多くは，個人情報が抜かれることに多少の不安を感じながらも，それが特段の問題を引き起こさない限り，深く考えることなく，明日もまた「無意識の貢献者」として，Suica で改札を通過し，Amazon の購入ボタンをクリックするのではないだろうか。そして，それが習慣のレベルで定着すれば，ユビキタス／ビッグデータ的な情報環境はもはやその善悪を吟味する対象ではなくなる。それは，善い悪いではなく，その存在を前提として生きるという意味で，文字どおり「環境」となってしまうのである。そしてそのとき，「無意識の貢献者」たる私たちは，すでにその作用をなし崩し的に受け入れてしまっている。

それ込みの生，それ込みの社会

　このように考えるなら，ユビキタス／ビッグデータ的な情報環境にどう向き合うべきかという問いは，実はかなりの難問であることがわかる。たとえばこの問いに，利用者の主体性や批判性を喚起する啓蒙的な立場から応答しようとしても，生産的な議論を展開することは難しい。一人ひとりの自覚，個々の利用者の批判的意識が必要だと言い募るだけでは対応できないのが，こうした状況の難しさなのである。もちろん，そうした意識が不要だというわけではない。だが，ユビキタス／ビッグデータ的な情報環境に関して，そうした主体性や批判性が立ち上がる契機がどれだけあるだろうか。その利用が常に意図的になされるような技術なら，私たちはその都度，その技術のあり方や自分の利用の仕方を反省的にとらえ返すこともできる。だが，普通に生活しているだけで「無意識の貢献者」になり，その成果も自動的に還元されてしまうユビキタス／ビ

4　ユビキタス／ビッグデータ的情報環境にどう向き合うか　●145

ッグデータ的な情報環境においては，そうした契機そのものが消えてしまう。利用者の主体性や批判的意識が立ち上がる以前の段階で，利用者という意識そのものが希薄になっていくのである。

　だとすれば，重要なのは，ユビキタス／ビッグデータ的な情報環境にいかに向き合うかという問いを，「ユビキタス／ビッグデータ込みの生」あるいは「ユビキタス／ビッグデータ込みの社会」をどうつくりあげていくか，という問いに展開していくことだろう。見てきたとおり，私たちはすでに，ユビキタス／ビッグデータ的な情報環境のなかで「無意識の貢献者」になってしまっているし，おそらくその度合いは今後さらに深まっていく。だとすれば，長い道のりになるとしても，単に目の前で稼働しているシステムのメリット・デメリットを言うだけでなく，私たちがもっている，あるいはこれから獲得していく，善き生，善き社会のビジョンに，この新しい技術をいかに組み込むかを考えていく必要がある。もちろん，それは個々のシステムのあり方に即座に影響を及ぼすようなものにはならないかもしれない。だが，繰り返し確認してきたとおり，ユビキタス／ビッグデータ的な情報環境は，個々のシステムのメリット・デメリットを超えた，「環境」として長期的に私たちに作用するのであり，それに応じた思考が求められるのである。

さらに学びたい人のために　　　　　　　　　Bookguide ●

●入門書

▶坂村健，2007『ユビキタスとは何か——情報・技術・人間』岩波新書
　　単なる技術論ではなくユビキタスのある社会の設計に向けて書かれており，著者が手がける具体的な実証実験の事例などから多くの示唆を得ることができる。

▶鈴木謙介，2007『ウェブ社会の思想——〈遍在する私〉をどう生きるか』日本放送出版協会
　　データとして構築される「わたし」の問題を早い段階で社会学的に思考していた著作。技術はその後激しく変容しているが，その問題提起は今日の状況に通じる。

●理論家ガイド

　　東浩紀（1971-）は日本の哲学者・批評家。ジャック・デリダの研究
（『存在論的，郵便的——ジャック・デリダについて』新潮社，1998年）で
デビューして以来，その思索はオタク文化論（『動物化するポストモダ
ン——オタクから見た日本社会』講談社現代新書，2001年），情報社会論
（『情報環境論集——東浩紀コレクションS』講談社，2007年）など，多方
向へ展開している。また，直近では，それらを接続しつつ，新たな哲学へ総
合する著作（『ゲンロン0　観光客の哲学』ゲンロン，2017年）が上梓され，
各所で高い評価を得ている。このように数多くの著作があるが，本章とのかか
わりで言えば，本文中でも参照した『一般意志2.0』が，ユビキタス／ビ
ッグデータ的な情報環境を前提とした社会の将来像を考えるうえでも，工学
的な知と人文学・社会科学的な知の壁を超えたところでの思索の重要性を知
るうえでも，多くの示唆を与えてくれる。

●最新の学術論文

▶原田悦子・土橋臣吾，2013「ユビキタス・コンピューティングはどう受容さ
　れているか——ユーザーの意識とその問題」舩橋晴俊・壽福眞美編『公共圏
　と熟議民主主義——現代社会の問題解決』法政大学出版局

第 3 部

メディア社会の構想（未来編）
―― 再帰化

1
2
3
4
5
6
7
8
CHAPTER 9　変わりゆくリアリティ
10　変わりゆくコンテンツ
11　変わりゆくテクノロジー

CHAPTER 9

第 9 章

変わりゆくリアリティ
二項対立から多項対立の時代へ

M. C. Escher's "Waterfall" ©2018 The M. C. Escher Company - The Netherlands. All rights reserved.

INTRODUCTION

　この図は，エッシャーの「だまし絵」と呼ばれる著名な作品である。水が滝から流れ落ちているのか，それとも水路を流れているのか，どれが現実なのかがわからなくなるような，不思議な世界観で描かれている。

　よく考えてみると，こうした世界観が，私たちが生きている今日の社会状況とどこか共通していることに気づかないだろうか。重要なのは，「何が現実で，何が現実でないのかがわからない」という，「現実」の区別のつかなさである。「リアリティ（現実に対する感覚）」とは，そのように時代によって変化してきたものであり，本章では，メディアと「リアリティ」をめぐって，どのような議論がなされてきたかを振り返りつつ，今後どのように生きていけばよいのか，再帰的に考えていくこととしたい。

KEYWORD

疑似環境　　疑似イベント　　二項／多項対立的リアリティ　　当事者／観察者

1 「若者の○○離れ」と「ポスト・トゥルース」から考え直す

「若者のテレビ離れ」は本当か？

　近年，「若者の○○離れ」とよく言われる。メディアについていえば，「テレビ離れ」「雑誌離れ」などと，これまで中心を占めていたマス・メディアを利用しなくなりつつあると言われる。またこれと同時に，若者たちは「さとり世代」「草食系」などと言われ，全般的に内向きで積極的ではなくなりつつあるものとして，否定的に論じられることが多いようだ。

　だが果たしてこうしたとらえ方は正しいのだろうか。いくつかのデータを見ることから，本章の議論を始めてみよう。

　次の図 9.1 は，メディア環境研究所が東京都在住の 15～69 歳の男女を対象に，2006 年以降毎年行ってきた，1 日当たりの平均メディア利用時間の調査結果を示したものである。これを見ると，やはりもっとも減少が大きいのは，テレビであることがわかる。いまだに最大の利用時間を占めてはいるものの，2006 年の 171.8 分から 2017 年では 147.3 分へと減少していることがわかる。これと変わって増加傾向にあるのは，携帯電話・スマートフォンであろう。2006 年には 11.0 分であったのが 2016 年には 90.7 分にまで増加している（ただし 2017 年には微減）。特にいわゆるガラケーからスマートフォンへの移行が進んだ 2010 年代において，急速に利用時間が伸びてきたことがわかる。

　こうした傾向をさらに詳細に見ていくと，特に年齢層での差が目立っており，図では示していないが，テレビについては年齢層が高いほど利用時間は長く，逆に携帯電話・スマートフォンでは，60 代では 20 分～30 分程度にとどまるのに対し，10 代では 150 分を超えているという（メディア環境研究所 2017）。こうした傾向は，NHK 放送文化研究所などの他の調査などでも確認されており，おおむね一般的に広く認められるものと言ってよいだろう（NHK 放送文化研究

152 ● CHAPTER9 変わりゆくリアリティ

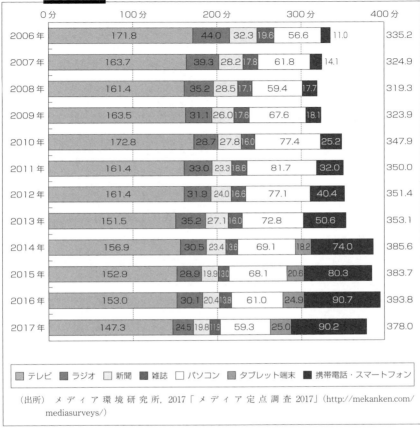

図9.1 メディア総接触時間の時系列推移

凡例: ■テレビ ■ラジオ □新聞 ■雑誌 □パソコン ■タブレット端末 ■携帯電話・スマートフォン

（出所）メディア環境研究所，2017「メディア定点調査2017」（http://mekanken.com/mediasurveys/）

所 2015；萩原編 2013；辻・大倉・野村 2017 など）。

　だが，ここで重要なのは，こうした変化が，「テレビからインターネットへ」というように，単に技術が古いものから新しいものへと，なおかつそれが全面的に置き換わることを示しているのではないということである。

　というのも，利用時間を比べた場合に，特に若者たちにおいてテレビの減少とともに携帯電話・スマートフォンの増加が，大きく見られるとしても，それは後者が前者に全面的に取って代わるようなものではないからである。正確に言うならば，若者たちは，ある特定のマス・メディアを集中して利用することから，むしろ，携帯電話・スマートフォン"も"，そして依然としてテレビ

1 「若者の○○離れ」と「ポスト・トゥルース」から考え直す ● 153

"も"利用するように変化したのであり，この点において，「若者のテレビ離れ」という言い方は，やや誇張した表現と言わざるをえないだろう。そこに存在しているのは，利用時間がテレビから他のメディアへと一方的に移り変わっていくような，いうなれば「単数形」の変化というより，それぞれのメディアをどのように受容しているのかという，「（同時並行的な）複数形」の変化ではないだろうか。他の章でも繰り返し論じてきたように，流動化や個人化の進んだ状況とはまさにそうしたものであり，そこには本章が注目する「リアリティ（現実感覚）」の変化が伴っているのではないだろうか。

■「ポスト・トゥルース」現象が示したもの ■

この点において参考になるのは，2016年にオックスフォード英語辞典が，「WORD OF THE YEAR」として選んだ「post-truth」という言葉だろう（図9.2）。その意味するところは，「世論形成において，客観的事実が，感情や個人的信念に訴えるものより影響力をもたない状況」であるという。

すなわち，かつてであれば，大勢がともに見るマス・メディアのニュースが世論形成に大きな影響力をもっていたのが，むしろ今日では，フェイクニュース（偽物のニュース）と呼ばれる，真偽も定かではなく，時に感情を煽り立てるような，インターネット上に無数に存在する情報が，世論形成に大きな影響を与えつつあるのではないか，ということである。

日本においても，近年ではいわゆる「ネトウヨ」（ネット上の右翼の略）という言葉があるように，そうした人々向けの，特定の近隣諸国への排外主義的な内容に偏った情報が，インターネット上でしばしば見られる。また，それらと敵対した，これまた極端に陰謀論的になりがちな強固な批判も存在するが，これらは，マス・メディアのニュースではなかなか取り上げられなくても，一定の人々に対して，それなりに影響力をもっていると考えられる。

だがやはり，これを「テレビからインターネットへ」というような，単純な変化ととらえてはならないのだろう。すなわち，「テレビのようなマス・メディアは真実（truth）を伝えていたが，インターネットはフェイクニュースのような真実ではないもの（post-truth）ばかりだ」というのは，的外れである。というのも，「post-truth」という言葉が示している現象は，実は「古くて新し

154 CHAPTER **9** 変わりゆくリアリティ

CHART 図9.2 「ポスト・トゥルース」現象

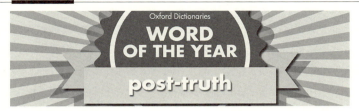

(出所) oxforddictionaries.com, 2016 (https://en.oxforddictionaries.com/word-of-the-year/word-of-the-year-2016)

い問題」だからである。

メディアとリアリティをめぐる「古くて新しい問題」

　いかなるメディアであれ，それぞれに特有の伝達形式がある以上（たとえば，テレビであれば視覚が，ラジオなら聴覚が強調されるといったように），伝えられている情報は，決して真実そのものではない。この点において，先のオックスフォード辞典の定義とは異なり，すべてのメディア上の情報は「客観的事実（truth）」では根本的にありえない。極端に言えば，そのすべてが「post-truth」であるとすらいえ，この点において，その言葉が示しているのは，さして新しくない昔から言われ続けてきた問題である。後述するように，それは「疑似環境」あるいは「疑似イベント」であると長らく指摘されてきた。

　だが一方で，むしろ新しく変化しつつあるのは，人々が何を真実と感じるかという「リアリティ」である。

　繰り返せば，マス・メディアが伝えていた「真実」を，インターネットが伝えなくなったのではない。むしろ，やや誇張して述べるならば，「真実」が「単数形」から「複数形」で受容されるものへと変化したといったほうが適切ではないだろうか。すなわち，かつてはマス・メディアが伝えていた画一的な内容を，多くの人が「真実」だと感じるような「リアリティ」が大規模に共有されていた。だが，今日ではむしろ，「リアリティ」が多様化，細分化したために，個々の人々がそれぞれに「真実」と感じるものを，さまざまなメディアにおいて，個別に見いだすようになったということではないだろうか。そして，冒頭の絵を思い出すならば，もはやどちらが「真実」であるのかを定めるのが

1 「若者の◯◯離れ」と「ポスト・トゥルース」から考え直す ● 155

難しい社会になりつつあるのではないだろうか。

以降では，まずは第2節でメディアの情報が真実そのものではないことを問題視してきた古典的な議論をたどることとする。さらに第3節で，人々の「リアリティ」の変化に関する議論に触れ，最後に第4節で今後を展望していこう。

 メディアがつくりだす「非現実」という問題

疑似環境論

メディアが伝える情報が「真実」とは異なるもの，いわば「非現実」とでも呼びうるものであることへの問題視は古くからなされてきた。まさに古典とも言うべきものの一例として，第二次世界大戦以前の1922年に，アメリカのジャーナリストであるリップマンが記した『世論』が挙げられよう。

リップマンは，同著において，初期のマス・メディアが発達しつつあった当時の社会への警鐘を鳴らそうとしていた。そしてニュースとして伝えられるのが「真実」そのものではないことを次のように強調した。

> ニュースと真実とは同一物ではなく，はっきりと区別されなければならない。(Lippmann 1922＝1987：下巻214)

> 新聞は諸制度の代役を果たすものではない。新聞はサーチライトのようなもので，休みなく動き回りながら暗闇の中に一つまた一つとエピソードを浮かび上がらせる。(Lippmann 1922＝1987：下巻221)

リップマンは，当時，中心的なマス・メディアであった新聞に注目しながら，たとえば政治，経済，文化と多様な誌面ごとに，できるだけ多様なニュースが掲載されていたとしても，そもそもニュースには何らかの意図や選考過程が存在しているのであり，それゆえに，ニュースは「真実と同一物ではなく，はっきりと区別されなければならない」と主張したのである。そして，こうしたマス・メディアのニュースのように，人々を取り囲んで，一見すると「真実」のように感じさせてしまう情報のことを，「疑似環境」と呼び表して，警鐘を鳴らそうとしたのである。

疑似イベント論

その後，マス・メディアが本格的に発達した第二次世界大戦後の社会の問題点をとらえたのが，アメリカの歴史家ブーアスティンの『幻影（イメジ）の時代』であった。

ブーアスティンは，リップマンの議論よりもさらに進んで，人々が場合によっては「疑似環境」のほうに「本物らしさ」を感じつつさえあるということ，さらには，それに合わせて，ニュースやイベントが仕立てあげられたり，時にはつくりだされるようになってきていることを指摘した。

たとえばニュースについて，写真や映像を用いることで，より目を引きやすくなったり，あるいは背景が過度に物語的にドラマティックなものとして強調されたりするといったことは，今日でもしばしば見られよう。この点について，ブーアスティンは以下のように述べていた。

> 出来事を報道し，複製するこのような新しい技術が発達した結果，新聞記者は出来事の起こる以前に，起こりそうなイメジを描き，報道を準備しておくという誘惑に陥った。人間はしばしば自分の技術を必需品と勘違いするようになった。読者や観客は，報道の自然さよりも，物語の迫真性や写真の〈本当らしさ〉を好むようになった。（Boorstin 1961＝1964：22）

つまり，人々の「リアリティ」が変化するのに伴って，メディアもそれにあわせた情報を送り出すようになってきたというのである。そのようにメディアの側が送り出す（あるいは時につくりだす）情報は，以下のように「疑似イベント」と呼ばれた。

> 新聞が一日にいくつもの版を刷ることを正当化するためには，ニュースがつねに変わっているか，少なくとも変わっているように見えることがますます必要になる。……印刷や放送の経費が増大するにつれて，輪転機をいつも動かし，テレビをいつも放送していることが財政的に必要になった。疑似イベントを製造しなければならない必要は，いっそう強くなった。かくしてニュースの取材は，ニュースの製造へと変化したのである。（Boors-

tin 1961 = 1964 : 23)

ニュースで言えば，それはもはやどこかで起こった客観的な「真実」をそのままに伝えているのではなく，そもそもテレビ番組の時間が余ってしまわないように，そして新聞の紙面が空いてしまわないように，時に，メディアの側がそれらしくつくりあげてしまうものにすらなっているというのである。

いわゆる「やらせ」と呼ばれるような，過剰な演出が施されたりして，でっち上げられたニュースはこれに近いと言えるだろう。あるいは新聞社などが主催する大規模なスポーツの大会（たとえば甲子園の高校野球はこれに該当する）もまた，概念上はここでいう「疑似イベント」に含まれるということができよう。

多元的現実論

さて，ここで取り上げた「疑似環境論」と「疑似イベント論」は，すでに数十年も前の，マス・メディアが中心の社会でなされた過去の議論である。だが，いくつかの点を学び取ることができるだろう。

まずこれらの議論に共通しているのは，メディアが伝える情報が「真実」とは異なるもの，いわば「非現実」とでも呼びうるものであり，それを問題視する姿勢であった。この警鐘は今日でも一定の有効性をもっていよう。

だがその根底に横たわっていたのは，「現実」とそうでないもの（「非現実」）とを明確に区別し（あるいは，それが区別できるという前提をもとにして），前者を重視するという，いわば「二項対立的なリアリティ」であった。端的に言えば，あくまで，「真実はひとつしかない」という考え方である。それゆえに，「現実」から「非現実」を批判することが可能だったのだが，すでに述べたように，今日においては，「現実」が「単数形」から「複数形」で受容されるものへと変わりつつある。だとするならば，その点においては発想の転換が必要ではないだろうか。やはりメディアの発達もさることながら，それと同じかそれ以上に，人々の「リアリティ」の変化に着目することが重要ではないだろうか。

この点において，まず参照すべきは「多元的現実論」である。ここでは，現象学的社会学で有名なオーストリアの社会学者シュッツの議論を紹介しよう。シュッツが「多元的現実論」を中心的に展開したのは，ブーアスティンの『幻

影（イメジ）の時代』が登場する少し前，やはり第二次世界大戦後の複雑化する社会状況においてであった。

そのポイントは，第一に，人々が目前にしている「現実（＝日常生活の現実）」について，あくまでそれは複数ありうるなかの1つの「現実」にすぎないものとみなす点にある。そして，「現実」が「日常生活の現実」だけに限られない，もっと多元的なものでありうることを，以下のように指摘していた。

> われわれはこの「至高の現実」という言葉を，われわれが「日常生活の現実」と呼んだところの「限定された意味領域」を指すものと考えよう。（Schutz 1970＝1980：268）
> 至高の現実以外のさまざまな現実……夢と想像と幻想の世界，とりわけ芸術の，宗教的経験の，科学的思考の，子供の遊びの，狂人の，世界——は，すべて限定された意味領域である。（Schutz 1970＝1980：271）

現象学的社会学は，人々の生きられた世界をあるがままに理解しようとするのが特徴である。よって目前の「現実」であっても，人によって受け取られ方は千差万別であるし，そもそも目前の「現実」だけでなく，心のなかの夢想であったり，一部の人にだけ感じられる幻想であったり，あるいはそれこそ，メディアが描く虚構の世界へと，関心を向ける人もいることだろう。「多元的現実論」のポイントは，これらもそれぞれに1つの「現実」だとみなすところにある。しかしながらシュッツは，それでも目前の「日常生活の現実」を「至高の現実」と呼び，「現実」が複数ありうることを示しながらも，いわばそこに優先順位を設けたのである。

単純な「二項対立的なリアリティ」がもはや通用しない今日の社会を考えるうえで，「複数形」でとらえようとする「多元的現実論」に学ぶところは大きい。しかしながら，それでもやはり目前の「日常生活の現実」を「至高の現実」と呼んで，優先順位をつけようとする点については，議論の余地があるのではないだろうか。それは，後述のとおり，今日がむしろ「**多項対立的なリアリティ**」の時代になりつつあるからにほかならない。

2 メディアがつくりだす「非現実」という問題 ● 159

３ 変わりゆく社会と「リアリティ」

社会意識論から考える

　繰り返すように，今日の「リアリティ」をとらえるためには，メディアが「非現実」的な情報を伝えているという警鐘を鳴らすだけでは不十分である。そこで，「多元的現実論」を踏まえて，「リアリティ」が「単数形」ではなく「複数形」でとらえうるならば，それが，時代によっても大きく移り変わっていくことを議論できるのではないだろうか。これこそが，私たちが今考えるべき新しい問題点であろう。

　そこで参照すべきは，時代ごとに，社会を生きる人々の集合的な意識のありようをとらえようとしてきた，社会意識論と呼ばれる議論である。日本においても，過去には城戸浩太郎（1970），近年でも吉川徹（2014）といった社会学者が，統計的な手法を用いて議論を行ってきた。そうした手法も用いつつ，さらにスケールの大きい歴史的な変化を描き出してきたのが，日本を代表する社会学者の一人，見田宗介（⇨章末 Bookguide）である。

　見田には，社会意識論の代表的な業績がいくつかあるが（見田 1966, 1967 など），なかでも本章に関連するものとして，「現代日本の感覚変容——夢の時代と虚構の時代」（見田 1995）と題する論文が挙げられよう。同論文において見田は，時代ごとのさまざまな文化現象の特徴を分析しながら，戦後日本社会の「リアリティ」の変化について論じていた。

　見田によれば，「現実」には「理想／夢／虚構」という３つの反対語があるが，1945 年以降の戦後日本社会の「リアリティ」は，15 年ごとに，まさにこれら３つの反対語を用いた時期に区分できるという。

　　第一に，一九四五年から六〇年頃までの，「理想」の時代。人びとが〈理想〉に生きようとした時代。第二に，一九六〇年から七〇年代前半までの，夢の時代。人びとが〈夢〉に生きようとした時代。そして第三に，一九七〇年代の中葉から九〇年までの，虚構の時代。人びとが〈虚構〉に

生きようとした時代。

　日本の社会の構造を根底から変えたいわゆる「高度経済成長」の時代との関連においてみると，第一期を「プレ高度成長期」，第二期を「高度成長期」第三期を「ポスト高度成長期」と名付けることもできる。(見田1995：10)

　すなわち，「一九六〇年から七〇年代前半」ごろまでにおける，いわゆる「高度経済成長」の時代が「日本の社会の構造を根底から変え」るものであったとすれば，その時代は，今ここの「現実」ではなく，未来の「夢」という「非現実」的な目標に向かって，人々が生きていた時代ということになる。この時代の大ヒット曲のタイトルが『いつでも夢を』(橋幸夫・吉永小百合)であったことに代表されるように，当時人気を博したのは「夢の〇〇」といった商品であり，「スター」と呼ばれた芸能人は，まさに人々の「夢」を具現化した存在であった。

　それ以前の，「一九四五年から六〇年頃まで」は，そうした目標を探し求めるように，資本主義か共産主義か，あるいは自由主義か社会主義かといったように，複数の「理想（＝非現実）」が論争されていた時代であった。

　逆に「一九七〇年代の中葉」以降は，「高度成長」が終わり，明確な「非現実」的な目標が定めにくく，それゆえに「虚構」のなかに耽溺していくしかない時代になったのだという。こうした「虚構」の時代には，文字どおりにアニメやゲームといった二次元的なコンテンツが人気を博すことになるのも周知のとおりである。

「虚構」の時代をいかに考えるか

　さて，こうした議論は，戦後日本社会という時代における「リアリティ」の変化を明快に描き出したものと言えるだろう。だが問題は，見田がここで取り上げた1990年以降の，まさに私たちが生きる今日の社会をいかに論ずべきか，という点だろう。

　未来の「夢」という，明確で「非現実」的な目標に人々が生きていた時代と違い，そうした「非現実」的な目標を明確にとらえにくくなるのが「虚構」の

3　変わりゆく社会と「リアリティ」　●161

時代の特徴である。では、こうした「虚構」の時代を私たちはどのように考えればよいのだろうか、そしてそれはいつまで続くことになるのだろうか。

先の第2節で取り上げた議論、とりわけ「疑似環境論」などにならえば、「虚構」の時代は、ディストピアでしかないだろう。いわばそれは、「非現実」的な情報ばかりに満たされた社会だからである。そして冒頭でも取り上げたように、そうした「非現実」的な「虚構」とばかり接するがゆえに、明確な目標を失い、特に若者たちにおいて「〇〇離れ」という現象が批判的に論じられるのである。

だが見田のような社会意識論に基づくと、むしろ事態は逆なのではないだろうか。「虚構」と接するから明確な目標を失うのではなく、もはや「非現実」的で明確な目標を抱きにくい社会になったからこそ、「虚構」のなかを生きるしかないのではないだろうか。

「虚構」の時代はいつまで続くのか

このように、「虚構」の時代を肯定的、あるいは避けがたいものとしてとらえたうえで、見田はそれ以降の時代について、一度は「バーチャル」の時代という時代区分を持ち出しつつも、結局はそれが「虚構」の時代が深まったものであると、以下のように述べていた。

> それで九〇年の後といったら、やっぱりバーチャルの時代だと言ったんですけどね。……本質的に考えるとやっぱり高度成長の前と中と後の時代だと思います。だから高度成長の後の時代というのは、ずっと虚構の時代なのです。虚構の時代からバーチャルへ、そのうちだいたい九〇年から二〇〇五年くらいまでの一五年はバーチャルの時代だとか、そういうふうに言って間違いではないと思いますが、でも中身から言えば、バーチャルの時代というのは虚構の時代の深まった形であると言えます。(見田 2012：57-58)

では、「虚構の時代の深まった形」とはいったい何か。これまでの本章の議論も振り返りながら、まとめていこう。

4 「多項対立的リアリティと観察者たち」の時代

リアリティの変化

　本章の議論を振り返ってみると，これまでのマス・メディア中心の時代と比べて，利用されているメディアについても，人々のリアリティにおいても，今日が特に大きな変化を遂げつつあることがわかるだろう。

　表 9.1 は，本章の議論を表にまとめたものだが，これまでは，（一方向的な）マス・メディアが中心の時代であり，「二項対立的なリアリティ」を画一的に人々が共有していたと考えられる。それゆえに，「現実」と「非現実」とを明確に区別し，「理想」や「夢」に向かっていくことが肯定的に評価されたり，あるいは「虚構」に向かうことが否定的に評価されていた。

　しかしながら今日は，もはやそうした「リアリティ」を画一的に共有する人々は多くない。ゆえに，ただ 1 つの「現実」を特定するようなことが難しく，むしろそれぞれに「現実」と感じるものを，さまざまなメディアから受容するような，まさに「多項対立的なリアリティ」の時代であり，これこそが「虚構の時代の深まった形」ということができるだろう。

遍在するメディア

　この点については，今日におけるメディアの「遍在性」という特徴から考えると，よりクリアになるだろう。

　つまり，マス・メディアが中心の時代であれば，決められた時間に決められた場所で（たとえば，夕方に居間で）見るテレビ番組の内容にも，そして目前の「現実」にも，どちらも「リアリティ」を感じるものの，どちらかといえば後者に重きを置くという，シュッツの「至高の現実」論が当てはまりやすかった。

　しかしながら今日では，スマートフォンさえあれば，そしてインターネットにアクセスさえすれば，いつでもどこでも，そしてどんな情報でも受容することが可能である。このようにメディアが，その遍在性を高めていくなかでは，どれが「（優先順位の高い）現実」か，という判断はますます難しくなり，むし

4 「多項対立的リアリティと観察者たち」の時代　● 163

CHART 表9.1 リアリティ／メディア／利用者の変化

リアリティ	中心的なメディア	利用する人々
二項対立 (「現実 vs 非現実」＝理想／夢／ 虚構の時代)	(一方向的な) マス・メディア	画一的なマス＝大衆層 (当事者)
多項対立 (「複数形の現実」＝ "深まった" 虚構の時代)	(双方向的な) インターネット＋α	多様な個々人 (観察者)

ろどれもが同じ程度の「そこそこの現実」として受容されるようになるのではないだろうか。極論すれば，シュッツが言うところの「至高の現実」すら含めた，複数の「現実」がフラットに横並びになりつつあるといっても過言ではないだろう。これこそが「多項対立的なリアリティ」とその時代におけるメディアのありよう(「遍在性」)である。

私たちは誰なのか——当事者から観察者へ

また，そのように「リアリティ」が変化していくということは，メディアを利用する私たちの立場自体も変化していくということである。たとえば，「二項対立的なリアリティ」の時代においては，「(新聞の) 読者」であり「(テレビの) 視聴者」であるといったような，明確な呼称が存在していた。総じて言えば，私たちは「マス・メディアの受け手」という受動的で画一的な存在であり，だからこそ，先の「疑似環境論」「疑似イベント論」のように，メディアがつくりだす「非現実」を批判することが重要視されたのである。

だが，これと対比するならば，今日の「多項対立的なリアリティ」の時代においては，私たちを何と呼び表したらよいのだろうか。インターネットやスマートフォンの「利用者」「ユーザー」と呼んだのではやや漠然としているし，冒頭でも触れたように，「(新聞の) 読者」や「(テレビの) 視聴者」"でも"あり続けている私たちのありようについては，適切な呼称を定めにくいというのが実情だろう。

しいて言うならば，かつての「二項対立的なリアリティ」の時代が，「現実」か「非現実」のいずれかに強くコミットして「**当事者**」としての立場をとりやすかったとすれば，今日の「多項対立的なリアリティ」の時代は，いずれの

| CHART | 図 9.3　Facebook の友人リストと Instagram の「フォロー中」リスト

「そこそこの現実」からも距離をとって引いた目から眺めつつ，かつそれぞれにコミットをしていくような，いわばメタレベルの「観察者」としての立場をとらざるをえないと考えられるのではないだろうか。

若者文化から「多項対立的なリアリティ」を考える

　では，こうした新たな状況により親和的と考えられる若者たちの文化から，具体的な事例を取り出して，今後の展望につなげていってみよう。

　「観察者」という立場から「多項対立的なリアリティ」をもって接するメディアの典型例として，Facebook や Instagram などといった，いわゆるソーシャル・メディアを挙げることができるだろう（図 9.3）。

　テレビドラマであれ，マンガであれ，それまでのマス・メディアは，「二項対立的なリアリティ」のもとで，それに強くコミットするか否かという，いわば「当事者」的に接するものであった。

　だが，これと対照的に，私たちはソーシャル・メディアに対しては，そこで提示される人々の日常生活のありようについて，どれか 1 つに強くコミットして愛好する，というよりは，一歩引いた目から複数の日常生活を眺めて対比する，といった接し方をしていると言えよう。つまり，モデルや芸能人といった著名人，あるいは友人，もしくは自分自身をも含めた日常生活のありようが，フラットに提示され，どれかが「現実」でどれかが「非現実」というのではなく，それぞれに「そこそこの現実」であるものとして，まさに「観察者」の立場から眺めるように接しているのである。この点においては，これまでのマ

ス・メディアが，「コンテンツを伝達するメディア」であったならば，インターネット上のソーシャル・メディアとは「日常生活のコミュニケーションをコンテンツ化（＝観察可能に）するメディア」と表現することもできるだろう。

複数形の「充実感」を生きる若者たち

また，こうした「観察者」という立場から「多項対立的なリアリティ」を生きる様子については，いくつかのアンケート調査の結果からもうかがい知ることができる。

たとえば 2015 年に 20 歳の若者を対象に行われたアンケート調査（東京都杉並区在住の男女 1000 名が対象，詳細は辻・大倉・野村 2017 および辻・松田・浅野編 2018 近刊を参照）では，彼らのリアリティについて掘り下げた質問がなされており，「この世の中が全て虚構であったとしても，気づかないままでいれば何の問題もない」という項目に対して，「あてはまる」「ややあてはまる」と肯定的な回答を選んだ人の割合は，合計で 45.2％ と半数弱に達した。いわばそれなりの割合の若者たちが，もはや「現実」と「非現実」の違いを重視していないという様子がうかがえよう。

さらに特徴的なのは，若者たちにおける「充実感」の経年変化である。たとえば 1977 年の第 1 回調査以降，日本全国（およびその他の何カ国）の 18〜24 歳の男女を対象に，おおむね 5 年おきに行われてきた『世界青年意識調査』や，後継の『我が国と諸外国の若者の意識に関する調査』（2013 年）の結果に基づいて，その動きを追ってみよう（内閣府 2009 および 2014 参照。なお調査方法に変更が加えられ，2013 年のみオンライン調査であり，また選択肢も 4 択式であったため肯定的回答を合算して比較しているという点に留意が必要）。

先の見田による「リアリティ」の時代区分でいえば，おおむね 1988 年の第 4 回調査ないし 1993 年の第 5 回調査までが「虚構の時代」であり，それ以降が「バーチャルの時代」あるいはより深まった「虚構の時代」にあたるが，ほぼそれと軌を一にして，興味深い結果が見られるのである。

たとえば，どんなときに充実していると感じますか，という問いに対して，「勉強に打ち込んでいるとき」は 1983 年（第 3 回）が 8.9％，同様に「社会のために役立つことをしているとき」は 1988 年（第 4 回）が 9.7％ と，それぞれも

っとも少ない割合となっていた。その代わり，これらの年には共通して，「友人や仲間といるとき」がもっとも多い割合を占め（1983年59.2%，1988年62.0%），それに「スポーツや趣味に打ち込んでいるとき」が次いでいた（同様に，58.0%と58.3%）。いわばこうした結果は，まさに「二項対立的なリアリティ」ともいうべき，「公私の区別」を明確にしたうえで，後者の充実を重視する傾向だったと言える。

だが興味深いのは，後の年度になるに従って，ほとんどの項目で同時に割合が上昇していくということである。たとえば2013年の結果を見ると，それまでも割合が高かった「趣味に打ち込んでいるとき」「友人や仲間といるとき」がさらに増加を続けて，1位と2位ではあるのだが（前者が87.6%，後者が80.3%），一方で「勉強に打ち込んでいるとき」も54.1%，「社会のために役立つことをしているとき」もまた61.1%と，大幅に割合が上昇しているのである。

調査方法の違いなど，確かに，比較において留意すべき点があるのも事実ではある。だが，友人や家族，親しい異性といった他者とのコミュニケーションに高い充実感を覚えながら，それと同時に「他人にわずらわされず，一人でいるとき」の充実感もまた，69.1%に達しており，やはりこうした傾向は，本章で論じてきたような「多項対立的なリアリティ」の広まりというほかないだろう。

これこそが，いずれの「そこそこの現実」からも距離をとって引いた目から眺めつつ，かつそれぞれにコミットし充実感を見いだしていくような，「多項対立的なリアリティ」の時代のありようである。あるいは若者たちは，複数形の「充実感」を生きているのだと，すべてにおいて「ながら」で掛け持ちをしつつ生きているのだと，言ってもよいだろう。

「多項対立的なリアリティ」の社会を再帰的に構想する

このように若者文化を事例にしながら，「多項対立的なリアリティ」について具体的に考察を進めてきたが，こうしたリアリティに最適化したふるまい方とは，メタレベルの「観察者」のような立場をとりつつ，人生の多様な選択肢に対しても，あるいは利用するメディアについても，複数の対象に，同時にそこそこにコミットしていくようなふるまい方であろう。

4 「多項対立的リアリティと観察者たち」の時代 ● 167

だとするならば，やはり改めて，冒頭で紹介した「若者の〇〇離れ」という
とらえ方が，ミスリーディングというほかないことが明らかになろう。すなわ
ち，若者たちは「離れ」たのではなく，何に対しても「そこそこコミット」す
るようになったのであり，そのことが前の時代までの「二項対立的なリアリテ
ィ」を生きる人々からすれば「離れ」たかのように見えただけと言えるだろう。
そして，むしろこれからの新しい社会のありようを考えていくには，ここで論
じてきたようなリアリティの変容を前提とすべきではないだろうか。

　見田宗介は，昨今の「若者の〇〇離れ」を嘆く論調とは違い，むしろ「多項
対立的なリアリティ」に基づいた社会について，『現代社会はどこに向かうか
――《生きるリアリティの崩壊と再生》』（見田 2012）と題する著作のなかで，
以下のように肯定的な見解を述べている。

　　　民衆が素朴に描いていた理想的な世界としての天国とか極楽というもの
　　を考えてみると，その中に進歩とか成長とか発展はないわけです。それ自
　　体が非常に充足しているわけですから。だから，人々が無意識に一番求め
　　ていたものとは，そういった楽しくて充実している現在が安定して続くと
　　いうことです。そういう世界が人々の求めていた究極の理想的なものであ
　　って，第Ⅲの（＝今日の※引用者補足）局面で僕らが目指すべき世界のモデ
　　ルというのはそのようなものだと思います。（見田 2012：51）

　すなわちこれまでのように，「二項対立的なリアリティ」に基づいて「非現
実」的な目標へと多くの人々が引きつけられていく社会とは対照的に，「虚構」
の時代やそれがさらに深まった時代とは，むしろそのような目標を抱かずにす
む社会として，肯定的に評価しているのである。

　流動化や個人化の進展とともに，メディアの発達していく今日の社会とは，
まさに「リアリティ」が複雑化していく社会にほかならない。だが，前の時代
の「リアリティ」に閉じこもって，こうした新しい変化を嘆いているだけでは
何も始まらないだろう。むしろ見田が肯定的な見解を示しているように，今，
私たちに求められているのは，今日の私たちが抱く「リアリティ」を適切にと
らえ直していくこと，そしてそれに基づいて，ありうべき社会の姿を，考え直
していく作業なのではないだろうか。

さらに学びたい人のために　　　　　　　　　　Bookguide

●入門書

▶東浩紀，2001『動物化するポストモダン——オタクから見た日本社会』講談社現代新書

　「二項対立的なリアリティ」と「多項対立的なリアリティ」という構図については，むしろオタク系文化のコンテンツに言及しながら，本書を読み進めたほうが理解が早まるかもしれない。東は，後者のリアリティに基づいたオタクたちのふるまいを「データベース消費」と呼んでいる。

▶大澤真幸，2008『不可能性の時代』岩波新書

　見田宗介の薫陶を得た社会学者たちが，その社会意識論をさまざまに継承しているが，本書もその一例である。大澤は，見田のいう理想の時代と夢の時代を，大きく「理想の時代」とひとまとめにし，その後の「虚構の時代」を経て，今日を「不可能性の時代」と呼んでその議論の射程を広げようと試みている。

●理論家ガイド

　見田宗介（1937-）は日本の社会学者。長らく東京大学教養学部教授であったが，現在では東京大学名誉教授。浅野智彦の整理に従えば，その仕事はおおむね 3 つの時期に分かれるという（浅野 2016：312）。すなわち浅野が「原理論的な仕事」と呼ぶように，マルクス理論を土台としながら現代社会の根本的な構造を解き明かそうとしつつ（『現代社会の存立構造』筑摩書房，1977 年など），同じく「社会意識論的な仕事」と呼ぶような，計量的な質問紙調査や事例研究の知見に基づいて，時代ごとの人々の意識のありようを明らかにしていたのが第一期（1960～70 年代後半まで）であり，続いて，近代と非近代の社会の比較論（『気流の鳴る音——交響するコミューン』筑摩書房，1977 年など）を展開していたのが第二期（1970 年代後半～90 年代前半まで），そして今日にあたる第三期において，これらの成果を総合させながら，原理論・社会意識論的な仕事に取り組みつつある（『現代社会の理論——情報化・消費化社会の現在と未来』岩波新書，1996 年など）。本章で紹介した見田の研究は，主としてこの第三期の仕事にあたるものであり，日本社会のリアリティにもっとも肉薄し，かつ必読の社会学者として，その名を挙げないわけにはいかないだろう。

●最新の学術論文

▶辻泉，2012「観察者化するファン——流動化社会への適応形態として」『AD
　スタディーズ』40：28-33

※本章は，2017 年度中央大学特定課題研究費研究「ポピュラー文化研究の方法論的検
　討」による成果の一部である。

CHAPTER

第 10 章

変わりゆくコンテンツ

鑑賞からプレイへ

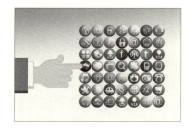

INTRODUCTION

　情報社会においては再帰性が増大する。多種多様かつ無数の情報に囲まれた現在，何かについて思索したり選択したり評価したりすれば，すぐさま同種あるいは別種の思考や選択肢や評判が自分のもとに帰ってくる。たとえば私たちは，文章や音響や映像でつくられた文化作品を享受するときに，手元の小さなモバイル機器のボタンにタッチして再生を始める。そうして文化作品を楽しみながら，「受信」するだけでなく何らかの情報を「送信」している。すると再生カウント数やコメントにすぐさま反映されるので，人は自分の趣味遍歴を確認し，また次の再生対象を思索したり選択したり評価したりする。個人の再帰性が高まり，文化作品は，内容を吟味され鑑賞されるというよりは，直接的に集積される情報の体系となった。それに伴ってコンテンツという言葉が浮上してきた。現代社会において文化作品／コンテンツはどのような意味をもつのか。本章ではその疑問について考えたい。

KEYWORD

コンテンツ　　文芸批評　　テクノロジー的生活形式　　触知的遭遇

1 「コンテンツ」の語が表象するもの

コンテンツとは

　情報社会の現在，文学や音楽や映画などの文化作品の多くはデジタルデータとして配信されている。それら作品を視聴したり閲覧したりする際には，専用の機器や媒体がなくとも，パソコンやタブレット，スマートフォンがあれば事足りる状況だ。こうした動向に伴って，表現文化の各作品はひとまとめにコンテンツと呼ばれることが多くなった。コンテンツは，直訳すれば「内容」を意味するが，「デジタル・メディアによって運ばれる情報の内容」が含意されている。それは民間だけでなく国家レベルにも使われる用語となっている。知財立国を標榜した今世紀の日本国は，関連法をいくつも施行するなかで「コンテンツ」を定義している。2004年制定の「コンテンツの創造，保護及び活用の促進に関する法律」（コンテンツ振興法）の第2条によると，コンテンツとは以下の内容を意味する。

　　映画，音楽，演劇，文芸，写真，漫画，アニメーション，コンピュータ
　　ゲームその他の文字，図形，色彩，音声，動作若しくは映像若しくはこれ
　　らを組み合わせたもの又はこれらに係る情報を電子計算機を介して提供す
　　るためのプログラム（電子計算機に対する指令であって，一の結果を得ることが
　　できるように組み合わせたものをいう。）であって，人間の創造的活動により
　　生み出されるもののうち，教養又は娯楽の範囲に属するものをいう。

　氾濫し増殖しつづけるデジタルデータを総称するために，コンテンツの語が採用されたのだろう。さらに，同法の名称に「活用」や「促進」の文字が入っていることから，日本の文化を積極的に海外に輸出しようという目論見があることを確認できる。つまり，コンテンツはグローバリゼーションに対応した経

172 ● CHAPTER 10 変わりゆくコンテンツ

済的な取引材料であり，外貨稼ぎの手段として考えられているのである。コンテンツが話題となるとき，通信やマーケティングなどの経済面と，著作権法などの法整備の面が中心になりやすいのはそれが理由だ。いち早く「コンテンツ学」を提唱した長谷川文雄・福冨忠和らは，大学の教育カリキュラムにも対応すべく，その体系を「制作」「ビジネス」「法と政策」「文化と社会」のパートに分けて解説しているが，中心に据えているのはビジネス的課題であり，コンテンツ産業の基盤と沿革と関連課題について網羅的に解説している（長谷川・福冨編 2007）。

コンテンツ批判

　ただし，そのように「産業（ビジネス）」が主題となるとき，「文化」との齟齬が生まれることは知っておくべきだろう。毛利嘉孝は，上述の編著論文において「産業と文化は，重なりあう部分もあるが，互いに相容れない部分も多い」（長谷川・福冨編 2007：284）と述べ，売れなくてもいいという倫理で生産されることもある文化作品は，経済からは自律した領域をもち，それらがむしろ革新的な表現を促進してきたことを論じている。

　また長谷正人（2010）は，文化作品をコンテンツと総称することで失われてしまうものに注意を促している。長谷は，映画を通じた経験の質について述べる。ミュージカル映画『雨に唄えば』（1953 年日本公開）の有名な場面で，ジーン・ケリーが雨のなかでダンスをするシークエンスがある。大雨に濡れることも汚れることも気にせずタップダンスを踊るさまは，観ている人に心地よい喜びの感情を与える。日常を生きる生活者は，嬉しいことがあったとしても，雨のなかで飛び跳ねるという子どものようなまねはしない。それは常識だからだ。しかし，映画は，そのような社会的常識による抑圧からのひとときの解放感をもたらしてくれる。芸術作品とは，人間の喜怒哀楽の感情を，ときに原初的に，ときに高度に抽象化したものとして「表現」に昇華して表出されたものである。ところが，と，長谷は続ける。「コンテンツ」の言葉には「私が日常生活のなかで感じている，水たまりをバシャバシャさせてみたい（日常から飛び出たい）という欲望が忘れられている」「ジーン・ケリーの作品を使ってどうやって利益を生み出したらよいかという経済問題だけ語られていて，自分もジーン・ケ

リーになってみたいという欲望がその言葉からは感じられません」(長谷 2010：12)。

　もちろん長谷は，20世紀以降の複製技術の進展が多くの人に作品を鑑賞する契機を与え，ビジネス的動機が芸術を豊かにしてきた過程を否定しない。しかし，今日の時代状況において，「アニメコンテンツを欧州に展開」「音楽コンテンツによる地域活性化」などのお題目が並べられたときに，一定の違和感をもつ層はやはり存在しつづけるだろう。同語をめぐって，作家・作品提供者・評論家・視聴者らの間に認識の相違が生まれている可能性もある。したがって，ここで必要なことは，「作品」→「コンテンツ」への変化が単なる言葉の置き換えではなく，何か根本的な変容の事態を示唆しているのではないか，と疑問をもつことである。

 批評という営為

　「作品」→「コンテンツ」への変化を歴史的に追うために，ここでは作品そのものではなく，作品について語られる言葉の群，すなわち「批評」という行為に注目してみたい。作品と視聴者・読者とのコミュニケーションをつなぐ媒体がメディアであるとすれば，批評家が書いた文章はそれ自体がメディアであり，社会状況や社会環境などの影響を受けて論調は変化していく。すなわち批評は，作品文化／コンテンツ文化を考えるうえで重要なファクターである。そこでその歴史について簡単にではあるが振り返っておこう。

▎**文学，音楽，映画の批評**

　文化作品は，人々の日常生活のさまざまな感情を表現という形態に昇華させたものとして，わかりやすいエンターテイメント指向の作品もあれば，読解に知識や教養を要するアート性の強い難解な作品もある。それら数多ある作品がどのように社会的に認知され価値づけられるかというと，人々による「評価」によってもたらされる。世の中にリリースされた作品は，制作サイドによる宣伝や情報媒体による告知によって広まっていくが，文化関連産業ばかりがその

役割を担うのではない。直接には利害関係のない人々による「批評」という行為も存在し、それらは紙誌や書物を通じた作品評という形で発表され、文化作品の普及発展の一翼を担ってきた。

戦前から戦後にかけての批評の中心的な対象は、文学と芸術、すなわち「文芸」であった。なかでも小林秀雄は、批評という様式を確立したと評価されていて、追随する職業的批評家たちのモデルとなった人物である。膨大な知識を基にした挑発的な批評スタイルと、それ自体文学作品といえる文体で、志賀直哉や幸田露伴らの文学作品のみならず、音楽家のモーツァルト、詩人のランボー、画家のゴッホなど多彩な評論を行った。批評家がいわば知の案内人として、思想や哲学の言葉をもつに至ったのは小林の功績と言われている。現代も文庫版等が刊行されつづけており、初期の論評を集めた『小林秀雄全作品1 様々なる意匠』（2002年）や彼の美意識の集大成である『モオツァルト・無常という事』（1961年）など、現在でも読み応えがある。

文芸批評は欧米発祥のものを含めてさまざまな学派が生まれ、現代では大学の人文学部系のカリキュラムに組み込まれている。ロシアフォルマリズム、受容理論、構造主義、ポスト構造主義、ニューヒストリシズムなど、それらの批評の様式の違いを検討することも興味深い（丹治編 2003, 大橋編 2006）。たとえば廣野由美子（2005）は、メアリ・シェリーの古典小説『フランケンシュタイン』を13種類プラスアルファの批評スタイルで論評するという試みを行っている。作者の想定をはるかに超えた裏読みやメタ解釈も含めて、文芸批評は歴史を積み重ねてきたのである。

さて、批評をジャンル別の視点でとらえると、1960年代後半から大衆文化に関する批評活動が活発になる。旧来の文芸の枠にとどまらないサブカルチャーが発達したこと、そうした新規的な表現ジャンルこそ語るに値するという若者の意識が醸成されたことがその理由だ。なかでも「音楽」ジャンルは、『ニュー・ミュージック・マガジン』誌（1969年創刊）と『ロッキング・オン』誌（1972年創刊）の創刊を経て、ロック批評の分野を確立していく。旧来のクラシック批評やジャズ批評から、現代的なポップミュージックの批評への転換である。前掲誌の2人の名物編集長、中村とうようと渋谷陽一は、雑誌の編集のみならず単行本の執筆やラジオのパーソナリティを担い、言論活動の舞台を広げ

ていった。とりわけ『ロッキング・オン』誌に顕著であった自負心に満ちた語り口と大仰ともとれる文体は，自らの思想を投影する対象として「ロックなるもの」を扱うフォーマットを一般化させ，たとえばそれを愛読することによってロックに目覚めたという感想が聞かれるように，一時期カリスマ的な人気を誇り，多くのフォロワーを生み出した。

さらに 1980 年代になると「映画」批評が迫り上がる。映画はそれまでも批評対象でありつづけていたが，佐藤忠男に代表されるオーソドックスな評論スタイルから，蓮實重彦らの現代思想を取り入れた批評へと転換し，インテリ学生を中心によく読まれた。それまでの映画批評が，登場人物の関係などの物語に注目するか，作者が意図した主題を解説することに重きを置いていたのに対して，新しい映画批評は，映像そのものに着目し，フィルムに映された表象イメージを記号として取り出し，それら記号が「戯れる」さまを論じたのである。時代背景としては，ミニシアターの上映方式でアート志向の作品のロードショーが増えたことがあり，折からのニュー・アカデミズム（軽い筆致で難解なフランス現代思想を導入した学術的潮流），ポストモダン（旧来的な知のありようを脱中心化した思想潮流）ブームが訪れていたことがある。「小津安二郎の映画には滅多に階段が出てこないがそれはなぜか？」といった蓮實流の読解は，パズルを読み解くような愉しみを読者に与えたのである。

サブカルチャー批評

職業的批評家は知識人として名を馳せて，議論を発する論壇の一角を構成するなど，戦後社会の価値意識や信念体系に一定の影響力をもつに至った。そのさまが変容するのは，1990 年代，社会学的な現状認識が優勢となる「社会学化」が訪れてからである。文化作品を論じたところで，何らかの価値や信念を述べたところで，その背景にある経済や歴史や人間関係を考慮に入れなければ，それは限定的で相対的な語りにしかならない。このことを社会学者は主張する。

宮台真司らの『サブカルチャー神話解体』は，タイトルどおり，それまでサブカルチャーがつちかってきた神話を解体する一冊であった。同書では次のように述べられる。「統計的な分析によって，若者文化に関して巷に流布する風説や，いわゆる評論家の所説の多くが，ただのヨタ話にすぎないことを証明で

きます」(宮台・石原・大塚 1993：12)。宮台らの分析は，統計データを用いて人格の違いによるクラスターを作成し，各クラスターにおける優先的な文化消費の仕方を通時的・共時的に比較検討するというものであった。文化作品が「進化」——ある様式から別の様式へと変容——するとすれば，それは各時代の人と文化のコミュニケーションの形態が「進化」することと連動するのだ，という主張をもとに独自のシステム論が展開されていく。そこでは，文化的な表現が時代を創るとか，全体社会の投影であるというような論理は範疇の外に置かれる。旧来的な批評の言葉である「感覚の解放」や「表現の革新」は，せいぜい固定化された特定のクラスターの読者に対して響くだけであり，実際に感覚が解放されたり表現者が勇気づけられたりするのではなく，論者の「自己鼓舞のツール」に終わるのである。

こうして「その文化作品を語れば社会全体を語ったような気になれる」時代は終焉を迎える。これは，社会学によるメタ社会論の啓蒙が成功したというよりも，高度消費社会・情報社会の到来に伴って，文化相対主義（複数の価値信念は等価である）の観念が一般化し，また，主にインターネットによって文化作品供給のメディアやリソースが複数化し，たとえば専門誌の廃刊が相次ぐなど，旧来メディアの威光が失墜したことが大きな要因として考えられる。誰しもが読まなければならない文章，誰しもが視聴しておかなければならない作品，誰しもが学んでおかなければならない教養，そのようなものは存在しないという認識が，広い場面に浸透していくのである。

┃ ゼロ年代以降の批評 ┃

2001 年に出版された東浩紀（⇨第 9 章 Bookguide）の『動物化するポストモダン』は，作品への読者・視聴者の接し方自体の変化を問うものであった。東の同書は，対象としてガンダムやエヴァンゲリオンや萌えアニメなどのアニメーション作品，ノベルゲーやギャルゲーなどのゲーム作品を論じているが，宮台の議論を引き継ぐ形で論理展開している。東はオタクに特徴的な消費スタイルを抽出し，（大きな物語や価値信念に基づくものではなく）キャラの萌えポイントなどの記号的特性に動物的に反応する「動物化」や，作品の表象や人物の個性などのさまざまな要素を（作品が提示するメッセージ性とは無関係に）自由に組み

合わせる「データベース消費」が見いだせることを論じた。すなわち，若者を中心とした新しい世代の文化作品を視聴するモードが，端的に動物的な「刺激ー反応」モデルで説明できるものになっていることを論じたのであった。この認識は，「文化作品」が「コンテンツ」と呼ばれるようになった時期と符合していることにも注目しておきたい。

さて，宮台や東はいわば「批評の不可能性」を問うたわけだが，とはいえ，批評という営為が完全に終わってしまったわけではない。東の同書は，作品批評というよりは現代社会論の説明素材としてオタクが選好する作品を扱っているが，それはまた，社会を論じるのにオタクの視聴する作品ほど適したものはないことを知らしめるものでもあった。「動物化」して「データベース消費」を行っていると名指しされた（と思える）層にとって，自身の文化消費行動がなぜそうなるのか，興味は尽きないからである。以降，東自身は 2007 年の『ゲーム的リアリズムの誕生——動物化するポストモダン 2』で，環境分析という手法で「批評が終わった後の批評」を語り，東を乗り越えることを企図した宇野常寛などの新しい批評家たちも論壇に登場し，アニメ，コミック，ゲーム，アイドルなどの分野の評論がむしろ活発に行われることになる。

ただし，それらの論評は幅広く現代人の知性の一部になるというよりは，特定の趣味層に最初からセグメント（分割・区分）されて書かれ読まれている。「セカイ系」「ループもの」「日常系」などのキーワードは，アニメに詳しければピンとくる言葉ではあるが，少なくとも文系のインテリ層ならば知っておかなければならない基礎用語にまでなっているわけではない。特定の趣味に没入する若者は，〇〇オタク，〇〇専，〇〇クラスターという言い方をなされることがあるが，それは専門特化された趣味の領域にいることを自ら宣言する言葉でもある。ある種のドライな感覚を持ち，自分たちは所詮「消費財」としての作品／コンテンツ群を「あえて」消費する存在であることを自覚している。

批評の変遷を顧みることは，どのような文化作品がその時代の主流としてのまなざしを受けていたか，またそれら作品群がコンテンツと呼ばれるようになった経緯についてヒントを与えるものである。ただ，1990 年代後半から 2000 年代前半にかけて露わになった部分，すなわち作品を読書・視聴するものは限られた層であり訴えかけはその範疇内にのみ届くという社会学的事実は，かな

178 ● CHAPTER 10 変わりゆくコンテンツ

り以前からそうであったと言える。現代ではめっきり聞かなくなった言葉として，文学青年，ロック少年，映画青年などがあるが，これらは〇〇オタクという言葉とそう変わりがない。異なっているのは，かつて文学や音楽や映画の分野を掘り下げる行為が時代の象徴を知りうるという幻想のもとに駆動していたのに対して，現代の同様の行為が細かく分化して共通項を欠いているという時代状況である。

３ 情報社会における作品／コンテンツの受容

　文化作品をコンテンツと総称することがふさわしいように思える現在，批評の不可能性が見え隠れする現在，私たちは自らの作品視聴のあり方のみならず，作品供給や作品生産のあり方が変容しているさまを考察しなくてはならない。

　そこで一人の理論家を参照する。ベック，ギデンズとともに『再帰的近代化』（Beck, Giddens and Lash 1994 = 1997）を著したラッシュだ（⇨章末 Bookguide）。ラッシュはその後，情報社会の特性を論じた『情報批判論』（Lash 2002 = 2006）を上梓している。ここでは，『情報批判論』で描かれる相互ネットワークを基盤としたテクノロジーの発達した社会を解説し，そこでの作品／コンテンツ消費について現代的な事例をもとに検討してみたい。

　まずラッシュは，社会基盤が変容すると同時に私たちの生活様式が変化していることを指摘する。グローバル化の進行した現代社会では，経済や法や政治のあり方が，旧来の国民主義的工業社会の様式からドラスティックに変化している。社会規範はもはや一国の政治や経済の論理で成り立つのではなく，国際ネットワークや国際マーケットを形成する情報秩序によって成立していることは明白である。それは日々の生活についても同様である。日常の多くの場面で私たちはさまざまな機器やインフラに仕組まれた IC チップの恩恵を受けて便利な生活を過ごしている。そして私たちが何か外界について理解しようとするとき，手持ちの情報端末を利用して検索し参照することは当たり前になっている。情報は膨大に転がっており，望まずともニュースフィードや SNS から霰のように降り注いでくる。私たちはそれを管理しているつもりになっているが，

実のところ情報テクノロジーに組み込まれており，それは毎日のコミュニケーションやルーティン作業の行動原理にすらなっている。ラッシュは，それを「テクノロジー的生活形式」（Lash 2002＝2006：35-57）と呼ぶ。テクノロジー的生活形式にはいくつかの特徴がある。

┃ テクノロジー的生活形式⑴平準化

　テクノロジー的生活形式における情報は，「テクノロジーの根源的一元論へと平準化され」（Lash 2002＝2006：41）ている。歴史的に価値の重みがあるとされてきたものも，価値の薄いものも，情報交換を目的とするコミュニケーションの前では平等に伝達されるからである。宗教家の聖なる言葉，科学者や哲学者の認識，経済学者の歴史診断，知識，芸術，文化——これらはかつて，私たちが日常生活において経験したり遭遇したりする出来事に解釈と意味を与える「超越論的な観点」としてあった。つまり，日常の出来事を「世俗的・素朴実在論な観点」でとらえることに対して，一段階上の理解の方法を供与してきたのである。通例，何か複数に解釈できる出来事が私たちの身の回りで起こったとき，信頼できる人物に訊くなり，辞典や辞書を引くなり，科学的常識に照らし合わせることをする。それは社会には耳を傾けるべき重みのある特権的な観点が存在しているからである。現代でもそうした観点の内容自体は不変であるが，テクノロジーは，それらの超越論的観点のどれを選択しても任意であるという，並列的な扱いの装いを示す。ある観点は無数にある情報の1つであり，それが文字で表現されていたとしても絵や映像で表現されていたとしても，プログラム的には0と1の信号差の組み合わせである。そこに超越論的／経験的，認識論／存在論などの古典的な二元論の差異はない。

　作品／コンテンツ文化に即して具体的な例を挙げよう。一本の映画を観るとする。もちろん，事前情報や評判に惹かれて映画館へ出向き，スクリーンの大きさや客席の埋まり具合を確認しつつ2時間あまりの時間を過ごすという体験や出来事はある。映画ファンなら自分にとってのその作品の意味や重要性をそこで十分に反芻する。しかし現代では，まず映画を観るという動機があれば，オンデマンドの契約サイトにパソコンなりタブレットなりでサインインすればよい。ずらっとタイトルとサムネイルと少々のキャプションが並んでいるので，

180 ● CHAPTER 10　変わりゆくコンテンツ

アルファベット順もしくはジャンル別のカテゴリーからお目当てのものを探す。カタログ然とした映画のタイトルの列からは，大作と小品の区別も高評価と低評価の軸も読み取ることは難しい。時間が限られている場合は，上映時間の長さという識別情報を頼りに何を観るかを決めたりする。

テクノロジー的生活形式(2)非線形性

非線形性は以下の３つのフェイズで説明される。

圧縮　　ラッシュは，「物語や言説のような意味の線形的単位が，テクノロジーの時代においては情報やコミュニケーションの単位のような短絡的・非延長的・非線形的形態の意味へと圧縮される」（Lash 2002＝2006：44）と述べる。私たちは，何らかの歴史性や物語性を理解して解釈することによって人生の意味づけを行っているが，現在ではその単位が情報を短縮したものとなっているのである。

具体例を挙げると，私たちがあるミュージシャンを選好するというとき，かつてであれば，何らかのきっかけで聴いた楽曲に興味をもち，それから自発的に調べるという経緯をたどっていた。音楽に詳しい友人に訊いたり，音楽雑誌のインタビュー記事をじっくりと読んだり，メディアに登場した機会を逃さないようにチェックしたりして，ミュージシャンやその楽曲に意味を付与し，経時的かつ重層的に，一本の線をたどるように知識として蓄えていた。

現在では，たとえば Amazon のレビューを見にいく。そこにはさまざまなミュージシャンと楽曲に対する感想が書かれているので，上部に表示されているものをいくつか眺める。長々とミュージシャンへの愛を語ったレビューは，（全部を読まずに）よっぽどのファンがいるのだなという情報として処理する。その後，五つ星の評価が多いことを確認して購入ボタンをクリックする。あるいは YouTube の PV で試聴する。そのミュージシャンへの知識がなかった場合は，再生回数の多さで代表曲かどうかを判断する。いくつか試聴した後，お気に入りリストに入れておく。こうした作業は，作品への意味づけが情報処理に近い，非線形的なものになっていることを示している。

スピードアップ　　上記のような一連の作業には，ほとんど時間がかからない。テクノロジー的生活形式は，線形性を圧縮するだけでなく，線形性を上回

るスピードで進む。そうなると文化はますます束の間のものになる。構想数年の小説の大作や何百人ものスタッフによって制作されたビデオゲームは存在しても，消費される際には一瞬で世界を駆け巡り，作品に託した理念や観念はたいていの場合理解されないままに終わる。「情報」とは，たとえば天気予報や新聞の三面記事のように過ぎ去ってしまえば価値がなくなるものに相違なかったわけだが，「文化」もそのようなものとして処理の対象となるわけである。

　文化が情報化するということは，情報の交換を基本とするコミュニケーションの様態にも影響を及ぼす。ある人がSNSで「これすごくいいのでみんな観ようぜ」と問いかければ，友人は反射的に「よさそうだね，観るよ」「ぜひ観たい」と返答する。実際にその作品を観る機会が友人に訪れるかはまったくの未知数である。友人にとって，作品の話は1つの情報であって，コミュニケーションをつなぐという目的にとって二次的だからである。

　延伸──非持続性　　また，非線形的単位は延伸する。線形的単位のような明確な因果関係をもたないまま，ネットワーク網を通じてどこまでも伸びていく。AmazonやYouTubeのリンクは，いかにも同種で同系列の作品群を効率的に表示しているように見えるが，その実，この作品をクリックした人は別のこの作品もクリックしているという情報を統計的に表示しているだけで，そこに何らかの思想が入り込む余地はない。付け加えれば，私たちはクリックすることで情報をインプットすると同時にアウトプットし，全体的な情報ネットワークの構築に組み込まれているのである。その結果，まったく関連性のなさそうなものが，迂回しつづけたあげくネットワークの端と端で結ばれて，分断されながらつながるという奇妙な現象も生じる。すなわち非線形性は時間の正統な流れを無視する。

┃ テクノロジー的生活形式(3)離昇 ┃

　離昇は「特定の場所が持つ特徴をどんどん失ってしまい，どこの場所でもあり得ることもしくはどこの場所でもあり得ないことになる」(Lash 2002＝2006：49) 事態であり，つまり場所の無効化である。ラッシュはグローバル企業の進出とともに世界中の空港や百貨店のブランド売り場が均質化し場所性を喪失していることを例示しているが，本章に即して作品／コンテンツ文化の事例を挙

げると，日本中の駅前のレンタルショップや郊外の大型書店や古書店は，規格がほぼ統一化されていて，「ここに行かなければ出会えない」ものは減少している。もちろんレアものや地域限定ものを扱う店舗もあるが，ネットワークでつながれた現代では，自宅にいながらショッピングサイトやオークションサイトでたいていのものは見つかる。もともと文化作品のパッケージ品は複製物として提供されるので特定の場所性を有しにくいのだが，その商品の在庫のある場所だけでなく，私たちが作品／コンテンツを視聴・読書する場所も離昇している。スマートフォン1台あれば，どんな小説でも，マンガでも，音楽でも，映画でも，享受できない場所はない。

　まとめると，「平準化」は価値順列の無効化を，「非線形性」は時間の無効化を，「離昇」は空間の無効化をそれぞれ示している。Aという大御所の作家が数十年前にある国で生んだ金字塔的作品と，Bという新人作家が別の国でリリースした新作が，時間と空間を顧みられることなく同一画面に表示されることは，今日では不思議なことでも何でもない。私たちは，何が上で何が下かという価値の順列も定かではないまま，それらを消費する。

4 鑑賞からプレイへ

　文化作品の「美」の本質というものが何に宿るのかというと，かつては高級芸術がそれを独占していた。通俗的なポピュラー文化は，文化産業やメディア媒体による過度な装飾によって本質が歪められているので「美」はありえないというのが理解だった。ラッシュは『再帰的近代化』において，後期近代社会ではその観念は当てはまらないという。現代ではむしろ産業やメディアによるポピュラー文化の無秩序な拡散こそが，「美」の模倣（ミメーシス）的な象徴（イメージ，音声，叙述など）を人々の日常の瞬間に直接的に再帰させている。それが「美的再帰性」の概念である。さらに『情報社会論』ではその考えを一歩進めて，再帰性は「反省」というよりも「反射」に近いと論じている（Lash 2002＝2006：43）。テクノロジー的生活形式が浸透するなか，私たちの「経験」

4 鑑賞からプレイへ　●183

のあり方も変容しているのである。

触知的な遭遇

　ラッシュは，物語や言説を要しない文化作品はテクノロジーが構築したネットワークのなかに現前するものとなり，私たちがそうした文化的客体と出会うのは，何らかの意味づけの過程を経るのではなく，「インデックス的，触覚的，触知的」な遭遇となる（Lash 2002＝2006：224-26）という。美学的判断（あれは美しいと言えるか）や反省的判断（こういう理由ですばらしい）は，私たちの外部にある客体を十分な時間によって吟味することができるからこそ成立する。今や私たち自身がネットワークのなかに存在しているのであって，判断するものと判断されるものの間の十分な距離もなくなり，触れた瞬間にそれが情報か否かは選別される。

　このことは，蜘蛛のアナロジーで説明される。蜘蛛は，網の巣（ネットワーク，ウェブ）を徘徊し，本能的な構造をとおして植物や動物や無機物などの客体と無媒介的に遭遇する。風に運ばれて偶然的に飛来した物体が獲物（情報）であるか木の葉（非情報）であるかは，自身の触覚を頼りにして確認するのである。

　やや SF めいた論理展開ではあるが，**触知的な遭遇**とは秀逸なたとえである。なぜなら現在のテクノロジーは，ナチュラル・ユーザー・インターフェイス（NUI），すなわち指先や視線やジェスチャで操作する直感的なデバイスの開発に向かっているからである。スマートフォン，タブレット，デジタルオーディオプレーヤー，そしてウェアラブル端末は，ネットワークへの入口であるとともに，文化作品との出会いの媒体である。私たちは指先に感覚を集中させて，SNS やポータルサイト，動画サイトを行き来する。自分の関心にあいそうなものがあれば，お気に入りに登録したり，「いいね！」をクリックしたり，リツイートしたりする。デジタルオーディオプレーヤーで音楽を聴くときには，今聴いている曲の次に何を聴くか，指でリストをスクロールさせながら（今聴いている曲よりも熱中しながら）探している。このように現代の情報端末は，より身体感覚に密接に結びつくようになっている。モニターを眺める「視覚」も，音楽をリスニングする「聴覚」も，手のひらに収まった端末を操作する指先の

184 ● CHAPTER 10　変わりゆくコンテンツ

「触覚」に頼っている。そして個人は，ネットワーク外部に参照事例のない情報を選択し，（蜘蛛が自分の網の巣から出ることがないことと同様に）外部の集団や共同体が関与することのない行為へと没入していく。

プレイ（遊び）

　そうなることによって，文化作品を鑑賞する行為にも変化が訪れる。端的に言うと，文化作品を味わい理解するというよりも，「プレイ（遊び）」の側面が強くなるのである。作品という対象に対して時間的にも空間的にも距離を保っていることが，美学的判断や反省的判断の前提であった。ところがテクノロジー的生活形式においては，即時的に同一平面上で文化的対象に接触する。超越論的な場所から経験的なものに対して論評を加えたりしない。ただただ経験するのである。これは遊びの行為に近しい。「遊びとは非常に直接的に存在するものなので，そこには賢明な反省的判断が介入する余地はない。遊びと，より一般的にいえば，情報社会における文化的活動とは判断中止ということを前提にしている」（Lash 2002＝2006：286）。

　美術館で絵画を鑑賞するときには人は絵から少し距離を置き，近づいたり遠ざかったりしながらその表象のイメージを美的もしくは反省的に判断する。小説を読むときはその他の作業を休止して日常とは隔たりのある作品世界へと越境する。クラシック音楽を鑑賞するときにはスピーカーと自分の位置をはかって適切なポジションに座る。演劇やコンサートを観劇するときには見物人としてやはり舞台上の演者からは距離をとる。対象を観たり聴いたりすること自体が目的だからだ。しかし，遊ぶときには，それらの配慮をすることはない。野球をするときのバットやボールは別に芸術作品ではないし，目的でもない。主体も客体もすべて含めて同一のフィールド内でともに遊ぶこと自体が目的なのである。

　実際，現代の文化にまつわるムーブメントは，一緒になって瞬間的に盛り上がる集合的沸騰の形式で現れる。人々の間の相互行為は同時的になされ，加速度的にスピードは上昇している。CD パッケージやゲームを買った枚数を誇る人が出現し，負けじとそれを超える枚数を写した写真がアップされて「祭り」となる状況。ネットで呼びかけられた人が集い，街頭などで複数が突然踊りだ

すダンスフラッシュモブ。初音ミクの楽曲を競い合うボカロPの佳曲がアップロードされた瞬間に「ネ申曲」とたたえるニコニコ動画のコメントの嵐。動画サイトを舞台とした「歌ってみた」や「踊ってみた」の連鎖。ライブストリーミングメディア DOMMUNE を自宅で視聴し，リアルタイムで Twitter に報告する人々。

これらに共通しているのは，選択された文化作品に深い必然はなくてもよく，コンテンツ消費としか呼びようのない複合的な文化的客体を対象としていることである。また，盛り上がること自体が目的にされていて，盛り上げる人々は，観賞者の集まりでも同志の集まりでもなく，ユーザー／プレイヤーとして「プレイ（遊び）」を満喫している。と同時に，それらは短命で，また時空間として非常に拡散した場所で起こる現象なのである。

あるいは，ネットを通じてではなく実際に人々が集まるイベントでも，プレイ（遊び）の側面は強化されている。たとえば野外音楽フェスは，旧来のコンサートとは異なる。野外フェスの空間はそのまま遊びのフィールドであり，ステージの演奏も，他の観客のふるまいも，飲食ブースも芝生も，すべて目的というよりは触れられることを待つ対象なのである。野外フェスに出かけた参加者が，見る予定のミュージシャンのステージに向かって移動をしているとする。その移動中に別のステージから気に入ったサウンドが聴こえてきたら，その参加者は歩きながらいきなりダンスを始めたり，一緒になって口ずさんだりする。見る予定のなかったステージをそのまま見にいくかもしれない。それはその人にとっての触知的な遭遇である。

コミケに代表される同人イベントも同様で，会場には同人誌を展示販売するブースが並び，（おそらく創作の全行程のなかでもっとも気合いを込めて描かれた）フルカラーの表紙が競い合うように並べられる。来場者は，視覚と触覚をフルに稼働させながら品定めをする。買って読む行為が楽しいのではなく，そこで作者や作品と触れ合うことが楽しいのである。コスプレイヤーはゲームやアニメのキャラクターの扮装をし，カメコ（カメラ小僧の略で撮影者）たちが群がるとポーズを決めて二次元上の作中のワンシーンと同化する。1975 年にスタートした歴史をもつコミケは，文化作品のデジタル化やコンテンツ化よりも以前から実施されているが，「鑑賞の時代」→「プレイ（遊び）の時代」を先取り

していたのだと言えよう。

　文学作品や音楽作品，映像作品は今後も存在しつづけるし，新たなクリエイターも次々と生まれてくるだろう。したがって鑑賞する行為や批評という営為がすべてなくなるとはいわないが，テクノロジー的生活形式は，現代人に文化コンテンツとの新しい「触れ方」を示している。その是非について問い，未来について想像することは，時代の変容の渦中にいる消費者にとって必須のことであると言える。

さらに学びたい人のために　　　　　　　　　　　　　Bookguide ●

●入門書

▶長谷川文雄・福冨忠和編，2007『コンテンツ学』世界思想社
　　コンテンツの定義・成り立ちからさまざまな応用研究まで，それぞれの専門分野の著者によって解説されている。

▶佐々木敦，2008『「批評」とは何か？──批評家養成ギプス』メディア総合研究所
　　批評の歴史性と現代性，その行為に込められた意味をジャンル別に解説した批評家自身による講義録。

▶南田勝也，2014『オルタナティブロックの社会学』花伝社
　　ロック音楽の変容の分析を通じて現代社会の文化受容の図式を解読する。本章の理論解説は，同著の「触知的テクノロジー」の項をもとにしている。

●理論家ガイド

　　スコット・ラッシュ（1945-）はアメリカ出身でイギリスに渡った社会学者。日本語で読める論文・論集として『ポスト・モダニティの社会学』（法政大学出版局，1997年）『再帰的近代化──近現代における政治，伝統，美的原理』（ベック，ギデンズとの共著，而立書房，1997年）『情報批判論──情報社会における批判理論は可能か』（NTT出版，2006年）がある。ポストモダン思想系の色濃い論理と文体であるため，いずれも難解であるが，情報社会の現在とアートの行方を再帰性理論と批判理論のスタンスから検証している。

●最新の学術論文

▶中西眞知子，2013「再帰性の変化と新たな展開──ラッシュの再帰性論を基軸に」『社会学評論』64 (2)，224-239

4　鑑賞からプレイへ　●187

CHAPTER

第11章

変わりゆくテクノロジー
分断された「わたし」からモバイルな社会性へ

INTRODUCTION

　スマートフォンのホーム画面を眺めてみよう。個人差が大きいとは思うが，多くの場合，まずはカメラ，地図，音楽プレーヤーといった基本アプリ，そしてもちろん Twitter, LINE, Facebook などの SNS，さらには，グルメ，ファッション，ゲーム，といった娯楽目的のアプリなど，多種多様なアプリがインストールされているのではないだろうか。もちろん，それ自体はすでに当たり前のことであり，そこに目新しさはない。だが，それによって可能になる，誰もが，いつでも・どこでも，あらゆる情報行動を即座に立ち上げられるという状況の広がりは，思いのほか大きな社会の変化と結びついている。本章では，そうした変化を，モバイル社会というキーワードで考えてみたい。

> **KEYWORD**
>
> モバイル社会　　スマートフォン　　移動の社会学　　ゲーミフィケーション

1　モバイル社会の深化

┃いつでも・どこでも┃

　現代社会を特徴づける言葉として**モバイル社会**という言葉がある。ケータイ・スマホ（本章では，ケータイと表記した場合にはスマートフォン以前のフィーチャーフォンを，スマホと表記した場合には**スマートフォン**を指すことにする。その両方を含む場合には，単純にケータイ・スマホと併記する）に代表されるモバイルな情報機器が広く普及し，それを前提に人々の生活や活動が営まれることになる社会のことだ。ではこのモバイル社会はいつ成立したのだろうか。客観的にその時期を特定するのは難しいが，1つ確実に言えるのは，ケータイ・スマホによるウェブ利用の広がりが，その重要な契機になっているということだろう。というのも，ケータイが電話やメール端末として使われているだけなら（そういう時代があったのだ），その影響は人と人のつながりの次元に限定される。だが，それがウェブ端末としても使われるようになると，その影響は日常生活の全域に及ぶことになる。ちょうど今の私たちがそうであるように，ケータイ・スマホがちょっとした調べ物から各種の娯楽まで，あらゆる情報行動に関わってくるようになるのである。まさに，ケータイ・スマホの存在を前提にした生活である。

　このように見るなら，モバイル社会の成立はある日突然起きたことではなく，ここ十数年の間に徐々に深化した動きだと言えそうだ。というのも，ケータイによるウェブ利用は当初から活発だったわけではなく，一定の時間をかけて定着したものだからである。データで確認しよう。2001年と2011年にケータイ・スマホ（2001年当時にはまだスマートフォンが存在しないので，ケータイのみ）の利用実態を調査したモバイルコミュニケーション研究会によれば（モバイルコミュニケーション研究会編 2002；土橋 2014），IP接続サービスの普及当初にあ

CHART 表11.1 ケータイ・スマホでウェブを利用する状況

	2001 年 (N=403)	2011 年 (N=694)
外出中に急に情報が知りたくなったとき	35.2%	67.1%
自宅や職場で，情報が知りたくなったとき	45.7%	56.6%
ひまで特にすることがないとき	64.0%	51.2%

（出所）　土橋 2014：31

CHART 表11.2 ケータイ・スマホでウェブを利用する頻度

	2001 年 (N=438)	2011 年 (N=694)
1 日に 10 回以上	選択肢無	20.7%
1 日に数回程度 （2001 年調査では「1 日数回以上」）	11.0%	35.9%
1 日に 1 回くらい	10.7%	6.9%
週に数回程度	31.3%	13.5%
月に数回程度	33.6%	14.8%
月に 1 回以下	5.5%	5.0%
ほとんどアクセスしない	7.3%	選択肢無

（出所）　土橋 2014：27

たる 2001 年時点でのケータイのウェブ利用は，あくまで「ひまつぶし」を中心としたものであり（64.0%），そのモバイル性が活きる「外出中」の利用はさほど活発ではなかった（35.2%）。だが，十年後の 2011 年には，「外出中」の利用が倍増し（67.1%），ケータイ・スマホのウェブがあらゆる場所で使われるようになる（表 11.1）。これを裏書きするかのように利用頻度も上昇し，当初は，「週に数回程度以下」（要するに，日に 1 回使うか，使わないか）の人が大半だったのが，2011 年には，「1 日に数回程度」以上使う人が過半を占めるようになる。ケータイ・スマホのウェブが常に手放せない存在になっていくのである（表11.2）。

┃ そして，なんにでも ┃

あらゆることにケータイ・スマホが使われるモバイル社会の日常は，こうした「いつでも・どこでも」的状況のなかに現れてくる。若い読者の記憶にはな

1　モバイル社会の深化　● 191

CHART 表 11.3　2001 年と 2011 年で利用率が顕著に変化したサイト・サービス

		2001 年 (N＝403)	2011 年 (N＝694)
減少	着メロ DL サイト	68.5%	15.9%
	待ち受け画面サイト	35.2%	6.2%
増加	検索サイト	20.6%	59.1%
	ニュース	19.1%	40.2%
	天気予報	23.1%	49.0%
	地図	5.7%	21.5%
	交通機関情報	16.1%	32.3%
新規	SNS（mixi や Facebook，モバゲータウンなど）	―	22.8%
	ブログ，ホームページ（個人が開設しているもの）	―	17.3%
	動画共有（投稿）サイト（YouTube など）	―	16.7%
	Twitter	―	9.7%

（出所）　土橋 2014：26

いと思うが，表 11.3 にあるとおり，2001 年当時，ケータイのウェブ利用の中心を占めていたのは，「着メロダウンロード」や「待ち受け画面サイト」といったケータイそのものを遊ぶためのものだった。つまりその活用範囲はかなり限定的だったのである（土橋 2003）。だが，2011 年には，これらに代わって，私たちの生活により具体的に関わる情報サービスの利用が大幅に拡大する。当初は利用が低調だった検索サイト，ニュース，天気予報，地図，交通機関情報などの利用が活発化し，モバイルなウェブがより多様かつ実用的な目的で使われるようになるのである。さらに，2001 年当時には存在しなかった SNS の利用の浸透までを含めて考えれば，その活用範囲の広がりは，よりはっきりとした像を結ぶだろう。

　そして，こうした「なんにでも使われるケータイ・スマホ」という状況をさらに加速しているのが，日本では 2008 年に登場した iPhone 以降のスマートフォン，すなわち，好きなアプリを自由にインストールすることで無限に多機能化するデバイスの存在だ。周知のように，今日，数百万の単位で存在するスマートフォンアプリには，誇張ではなく，ありとあらゆる種類のものが存在する。表 11.3 にあるような主だった情報サービスだけでなく，ヘルスケア，レシピといった生活の基本的ニーズに応えるものから，細かいところでは，タクシー

配車やチケット予約といったものまで，普通の人が思いつく範囲であれば，ほとんどすべての要求に応えてくれるアプリが揃っているのである。まさに，"There's an app for that〜そのためのアプリがある"（アップル社が iPhone の広告で用いたキャッチコピー）というわけだ（Perez 2012）。現時点ではおそらくこうした状況こそが，生活者側から見たときのモバイル社会のリアリティということになるだろう。モバイルなデバイスがいつでも・どこでも・なんにでも使われる生活。モバイル社会はそうした生活の形を生み出したのである。

  非同期的な経験の広がり

メディア経験の非同期化

　だが，本章で考えていきたいのは，こうした具体的な生活の変化だけではない。むしろ重要なのは，こうした生活の変化が，より大きな文脈で理解されるべき社会構造の変化と関わっている点だ。もちろん，そんなことを考えずともモバイル社会を生きるのに何ら支障はない。実際，みなさんの多くは今日も，朝起きて LINE を確認し，電車内では音楽やニュースに触れたり，学校や会社でも Twitter や Instagram を時折チェックしたりしながら，ケータイ・スマホと共に1日を過ごしてきたのではないだろうか。それはすでに私たちの習慣になっており，あらゆる場面でケータイ・スマホに手を伸ばす生活に今さら特に疑問を感じることもない。だが，以下で見るように，そうしたモバイルな日常のあり方は，私たちの社会の形そのものの変化と結びついており，そこに目を向けることで，モバイル社会なる社会を生きる私たちがどのような存在なのかもより明確に見えてくる。

　さまざまな論点がありうるが，ここで特に注目したいのは，モバイル化による社会の時間的・空間的な構造の変化だ。試しに，前節で見たようなケータイ・スマホを中心とした生活の流れと，かつてのマス・メディアを中心とした生活の流れを比較してみよう。まずマス・メディア的生活だが，繰り返し指摘されるように，その顕著な特徴は人々のメディア接触の同期性にある（藤竹 1977）。朝昼夜のテレビニュース，朝夕2度宅配される新聞が象徴するように，

2　非同期的な経験の広がり　●193

マス・メディアは全国の人が同じ時間に同じ情報に触れるという同期性をもつのである。これは報道だけではない。昭和の国民娯楽の代表だったプロ野球の生中継，1980年代の子どもたちが夢中になったゴールデンタイムの歌番組，90年代を通じてブーム的な人気を博した「月9」のドラマ。そこには，単に番組の中身を楽しむだけでなく，全国津々浦々の人々がリアルタイムで同じ経験を共有するという意味もあったのである。そしてそこでは，「今この瞬間にみんなが同じものを見ている」という事実を通じて，人々の間にある種の共同性も生まれただろう。それは，きわめて卑近な形で，私たちが「日本社会」を実感する機会にもなったはずだ。マス・メディアは「みんな」の経験をつくりだすのである。

　これに対して，ケータイ・スマホ的なメディア経験が，こうした「みんな」を実感させることはあまりない。いつでも・どこでも・なんにでも使われるということは，言い換えれば，それぞれの個人が，任意の時と場で，あくまで個人的な必要や欲求のみに従ってバラバラの情報に接触するということにほかならない。だとすれば，それは通話やリアルタイムのメッセージ交換の相手を除けば，他の誰とも同期しない個人的なメディア経験にならざるをえないだろう。マス・メディアが社会的な広がりをもつ「みんな」を経験させるメディアであるのに対して，ケータイ・スマホはそうした広がりを欠いた「わたし」に収束するメディアなのである。しかも，前節で見たとおり，ケータイ・スマホを介した情報行動がますます高頻度化している以上，今日のモバイル社会においては，そうした他の誰とも同期しない個人的な行動・個人的な経験が，1日の流れのなかに繰り返し何度も差し挟まれてくることになる。ごく当然のことに思えるし，実際そうなのだが，そのとき，モバイル社会なる社会の形はマス・メディアを中心とした時代の社会の形とはどこか異なるものになっているのである。

移動の社会学

　そして，こうした変化は実はケータイ・スマホの周りだけで起きていることではない。非同期的かつ個人的な経験が増えていく傾向はケータイ・スマホ以外のさまざまな局面にも見られ，だとすれば，今日ケータイ・スマホが引き起

こしつつある変化は，それらも含んだより大きな社会変容の一部だと見ることができる。この点について，たとえばイギリスの社会学者アーリ（⇨章末Book-guide）の議論を参照しよう。知られるように，アーリは，『社会を越える社会学』（Urry 2000＝2006）などの著作で，20世紀的な産業社会とは異質なものになりつつある今日の社会の形をとらえるための社会理論を模索してきた社会学者である。注目しておきたいのは，そのアーリが，近年の社会変容を「瞬間的時間」の台頭という観点から論じている点だ。この「瞬間的時間」とは，要するに，ここで論じてきた他の人と同期することのない非同期的な時間のことなのだが，以下のアーリの例示を見ればわかるように，それは私たちの日常生活のさまざまな局面に広がっている。

> 瞬間的時間は，個々人の時間─空間のたどり方が非同期化されることを意味してもいる。人びとの時間の多様性は著しい増大を続け，それは四六時中とはいかないまでも，より長い期間にわたって広がっている。大量消費のパタンが，より多様化，分断化したパタンに取って代わられたことにより，人びとの活動の集合的な組織化，構造化がさらに弱くなっている。時間─空間の非同期化を示す指標は数多くある。すなわち，間食い，つまり決まった食事の時間に同じ場所で家族や同僚と食べずに，ファストフードを消費することが及ぼす影響の拡大。……フレックスタイム制の広がり……。ビデオの普及，つまり，テレビ番組が録画，再生，消去できるようになり，家族全員で放送時間通りにある特定の番組を皆で見るという感覚がほとんど失われることなどである。（Urry 2000＝2006：226-27）

食生活における「間食い」の増加，労働における「フレックスタイム制」の定着，テレビにおける「録画ビデオの個人視聴」の拡大。見てのとおり，アーリはここでケータイ・スマホについて特に何か言っているわけではない。だが，任意の時と場で，他の誰とも同期することなくなされるケータイ・スマホによる情報行動が，ここで彼が列挙する事象に連なることは言うまでもないだろう。それらはいずれも，個人がバラバラに自らの必要や欲求を満たすことを可能にする習慣・制度・技術なのであり，それは私たちの生活の各所にさまざまな形で広がっているのである。アーリが言うように，そうした非同期的な「瞬間的

2　非同期的な経験の広がり　●195

時間」が台頭する社会では，集合的に組織化された「みんな」の時空間的構造の拘束が弱まり，それぞれの「わたし」が，より多様化，より分断化した生活パターンを送ることになる。そして，あらゆる情報行動を任意のタイミングで立ち上げることのできるケータイ・スマホは，そうした変化をこれまでの何よりも強力に推し進めていくデバイスなのである。

　重要なのは，アーリのこうした議論が，ケータイ・スマホもそこに深く関わる移動という現象との関係でなされている点だ。ごく簡単に確認しておこう。アーリがいうように，人・モノ・情報の移動が激化する 21 世紀的状況においては，一定の境界に枠づけられた「領域」としての社会ではなく，そうした境界を超える「移動」としての社会へ目を向ける必要がある（Urry 2000＝2006：1-36）。たとえば，ネット上を瞬時に移動する情報，自動車による任意の地点間の自由な移動（Featherstone, Thrift and Urry eds. 2005＝2010），グローバル化のなかでの移民。これらはいずれも今日の社会を特徴づける重要な現象だが，それを適切にとらえるためには，社会という言葉でもっとも一般的に想起される，境界に枠づけられた「領域」のイメージを脱し，それを越えるさまざまな「移動」にこそ「社会的なもの」を見て取らねばならない。「**移動の社会学**」こそが求められるのである。アーリが非同期的な経験の台頭に注目するのもそれゆえだ。人・モノ・情報が自由に移動する社会においては，必然的に，〈多くの人が立ち止まって時間を共有する経験〉は成立しにくくなり，〈移動する個人がそれぞれの都合で瞬間的時間を生きる経験〉がそれに代わっていく。テレビの前を離れ，さまざまな場所を動き回りながらケータイを使い続ける私たちは，まさに移動としての社会の住人なのである。

一体感への欲求

　では，私たちはこうした変化にどう向き合うべきなのだろうか。もちろん，こうした大きな文脈で生じている多義的な変化を一概に評価することは難しい。ある立場からすれば，人々の生活パターンが分断されることは，社会統合という観点から望ましくないということになるし，別の立場からすれば，それこそが自由の拡大であり，豊かさの一部だとも言えるからだ。だが，そうした外在的な評価以前の段階で 1 つ単純に言えることもあるように思われる。すなわち，

196 ● CHAPTER 11　変わりゆくテクノロジー

それをどう評価するかにかかわらず，ほかならぬ私たち生活者自身が，こうした非同期的で個人化した経験が増えていくだけでは感情的に満たされないだろう，ということだ。これは特に複雑な話ではなく，日々の生活のなかで思い当たる節のある人もいるはずだ。たとえば，普段は個人の情報ニーズに即応してくれるケータイ・スマホや個食を支援してくれるコンビニに頼りながら，「わたし」の都合最優先で生活している。だが一方で，それだけでは満たされない何かも残る。もっと他者とつながり，他者と一体になって，「みんな」を実感できる場が欲しくなる……。そんなイメージだ。

　モバイル化が進む今日の社会で，逆説的に「みんな」を求める現象が広がっているのはその傍証になるだろう。たとえば，ここ数年で定着した感のある渋谷のハロウィンの盛り上がり，あるいは若者に人気の各種音楽フェスなどを想起しよう（永井 2016）。それらは，ある種の祝祭的な雰囲気のなかで，普段は何らのつながりももたない人々が，一時的に一体感を感じる格好の機会となっており，今日の社会のなかで「みんな」への欲求が高まっていることを予感させる。また，デジタル・メディアという本書の文脈に即して言えば，祭り・炎上などと呼ばれるネット上の集合行動に，同様の欲求を見て取ることができる。ある程度ネットを使う人なら知っていると思うが，祭り・炎上には，Twitter名物となっている「バルス祭り」（アニメーション映画『天空の城ラピュタ』のテレビ放映の際に，作品中に出てくる「バルス」という呪文に合わせて，Twitter 上で無数の人が同時に「バルス」とつぶやく遊び）などの無害なものから，特定の個人を不特定多数の人がひたすら叩くものまで，さまざまな形がある。そしてそのいずれもが，一時感じられる一体感の快楽を人々にもたらす点で共通している。そこでは，普段は分断化した生活を送る人が，一瞬「みんな」を形成するのである。

　実際，こうしたネット上の集合行動を研究する社会学者の伊藤昌亮は，フランスの社会学者デュルケムの集合的沸騰の概念を用いつつ，祭りや炎上が，「そこから社会が創り出されるという実感」（伊藤 2014：188）をもたらすものであることに注目している。どういうことか。まず，デュルケムのいう集合的沸騰とは宗教的儀礼に見られる人々の熱狂状態のことだ。そして人々は，そうした熱狂に巻き込まれることで，自分が個人を越えた集団の一員，同じ信念や感

情を共有する集団の一員であることを実感する。つまり，そうした集合的沸騰の経験こそが，強固に統合された社会集団が形成される重要な契機になるのである。だとすれば，祭り・炎上もある意味で同様の役割を果たしている可能性があると言えるだろう。それぞれの個人が自分の都合のみに従って思い思いの情報行動をとることができるケータイ・スマホ的，ネット的な情報環境は，便利ではあるが「みんな」のつながりを実感しにくい。祭りや炎上はそうした情報環境の只中で，しかし何とか「社会」や「集団」を実感しようとする人たちの感情の受け皿になっているかもしれないのである。

「みんな」をいかに設計するか

モバイルな社会性へ

しかしながら，だからといって，こうした「みんな」への欲求を全面的に肯定できるわけではない。たとえそれが，今日の情報環境のなかで，「社会」や「集団」を実感する重要な契機だとしても，である。理由はいくつかあるが，1つには当然ながら，単純な事の善し悪しに関わる問題だ。もちろん，路上での盛り上がりであれ，ネット上での祭りであれ，無害なものについては放っておけばよい。だが，叩かれた人の人生，時には生命までを左右してしまう炎上は負の影響が大きすぎ，それを抑制する方策が模索されるべきだろう。また，そうした単純な事の善し悪しを別にしても，その性格上，突発的に起こるものでしかありえない一時的な「みんな」は，個人化した私たちがある種の社会性を求めてしまう感情の受け皿としてはやや不安定にすぎる。確かに，一時的であるからこそ，そこでの「みんな」が強烈な体験となるのは事実だし，そのメカニズムを善用できればそれに越したことはない。だが，そうした制御困難で一時的な沸騰は，「みんな」への欲求を継続的に引き受けるモデルとしてはやはり考えにくいのである。

だとすれば，ここで求められるのは，ますます個人化する今日の情報環境のなかに，社会的に許容することができ，なおかつある程度の安定性を備えた「みんな」という次元をいかに設計しうるかを考えてみることだろう。だが，

これは簡単な課題ではない。前節で見たように，モバイル化した今日の情報環境は，その本質として，「みんな」という次元を介さずにすむ，個々バラバラのふるまいを促進してしまう。だが，当然ながら，そもそもはそれこそが，モバイル化した情報環境の大きなメリットなのであり，今さらその自由を捨て去ることはおそらく難しい。つまり，モバイル化した情報環境に「みんな」という次元を新たに設計し，埋め込むといっても，それがせっかく自由になった「わたし」を「みんな」の拘束のなかに差し戻すようなものであれば，あまり意味はないのである。だとすれば，構想すべきは，個人が個人の都合に従ってバラバラに行動しつつ，しかも，それがどこかで「みんな」につなぎとめられ，「みんな」の一部であることに意味を感じられるような仕組みということになるだろう。難しくはあるが，これが求められるのである。

バラバラな個人の協力

では，それはいかにして可能なのだろうか。残念ながら，こうした入り組んだ問いに対する完全な回答を筆者がもっているわけではない。だが，以上の議論で得た視点を踏まえるなら，特にそのためにつくられたわけではないシステムやサービスのなかにも，ヒントを見つけることはできるように思われる。まったく別の目的でつくられたものなので，ここでの課題への完全な解決策となるわけではないが，思考の道筋を確認するためにも，いくつか具体的な事例を参照しておこう。まず，1つの方向性として注目しておきたいのは，人々がそれぞれバラバラにあるということを，克服すべき課題というより，むしろメリットとして活かし，そのバラバラの個人の間に緩やかな協力関係をつくりだすような仕組みだ。さまざまな事例があるが，ガバメント 2.0（住民や民間企業の参加を促進する情報プラットフォームを軸にした行政）の文脈で参照されることの多い，地域の問題解決のためのクラウドソーシング（群衆〔crowd〕への業務委託〔sourcing〕という意味）のシステムなどは，そのわかりやすいイメージになるだろう。

たとえば，イギリスで最初に開発され，日本国内でもいくつかの市区町村で稼働しているシステム，"FixMyStreet"（https://www.fixmystreet.jp/）を見ておこう。これは一言で言えば，住民と行政が協力して，落書き，道路の破損，不

3　「みんな」をいかに設計するか　● 199

CHART 図 11.1 FixMyStreet Japan のアプリ画面

法投棄など,地域の生活環境に関わる問題を解決していくための仕組みである。ユーザーがすること自体はごく単純で,問題を見つけた人が専用のアプリを使ってその場の写真を撮り,指定されたアドレスに送るだけである。だが,これが蓄積されると,地域の問題を解決するための重要なリソースになる。図 11.1 にあるように,各所から送られてきた写真は,そのすべてが自動で地図上にプロットされるので,これによって,地域の問題が細かいところまで可視化されるのである。ガバメント 2.0 の動向をまとめたテレビ番組(NHK『クローズアップ現代:ガバメント 2.0 市民の英知が社会を変える』2013 年 4 月 1 日)で詳しく紹介されたので,実際に利用したことはなくても,知っていた人も多いかもしれない(日本放送協会 2013)。

　もちろん,これ自体は地味といえば地味なシステムであり,そこに祭りや炎上のような熱量があるわけではない。また,そのためにつくられているわけではないので当然だが,現状では,利用者がそこに「みんな」を感じることもおそらくないだろう。が,あらかじめ確認したとおり,ここに 1 つの可能性を見いだせるのは,こうした仕組みが,人々がバラバラにあるという状況,人々が任意の時と場でそれぞれにふるまうという状況を,デメリットではなく,メリットに変換しているからである。つまりこの事例には,スマホをもった無数の人々が散り散りになっているからこそ,ランダムに点在するさまざまな問題を

発見でき，それぞれの個人がバラバラにふるまいながら，同時に地域に貢献することができるような構造を見て取れるのである。現状ではそこまでいっていないが，もしこうした分散的な協力に参加者同士のつながりを感じさせることができれば，その可能性は小さくないだろう。それは人々がバラバラにありながら，意味のある「みんな」につなぎとめられていく，そうしたシステムになりうるのである。

ゲーミフィケーション

　勘のよい読者は，ここで出てきた「協力」とか「参加者同士のつながり」といった言葉から，RPG などのオンラインゲームを想起したかもしれない。周知のように，オンラインゲームのなかには，ネット上でつながったプレーヤーが何かしらの集団をつくり，チームで協力してゲームに立ち向かうといった構造をもつものが数多くある。そして，遊んだことがある人は実感としてわかると思うが，そこで形成される「みんな」が，かなり強い一体感をもつこともある。もちろん，メンバーがリアルタイムで同時にプレイする必要のあるゲームも多いので，そうしたものについては，本章で強調してきたモバイルの特性，すなわち，個人が任意の時と場で関われることの気軽さはない。だがそれでも，ゲームという領域には，「みんな」の設計，あるいは協力の設計のためのノウハウが豊かに含まれており，そこから学べることは数多くある。

　実際，ここ数年話題になることの多い，いわゆるゲーミフィケーションをめぐる研究や実践は，ゲームが単なる娯楽を超えて，さまざまな局面での社会設計に活用できることを明らかにしつつある。ゲーム化（gamify）の名詞形であるゲーミフィケーションという言葉がそのまま示すとおり，ゲーム以外の活動や事業の場をあたかもゲームのようにデザインすることで，さまざまな効果が得られるのである。これについても多くの具体例があるが，この分野の代表的な研究者であるマクゴニガルは，それを社会問題の解決に活用することに力を入れている。もっとも有名なのはおそらく，マクゴニガルも例に挙げる "fold it" なるゲームだろう（図11.2）。具体的には，「アミノ酸の構造」の解析作業をゲーム化したものなのだが，そこでは，多数のプレーヤーが協力して作業にあたることで，重要な科学的課題の解決が大幅に早まるという成果が上がって

3　「みんな」をいかに設計するか　● 201

CHART 図 11.2　foldit プロジェクト公式サイト

（出所）https://fold.it

いる。だが，本章の観点から重要なのは，そうした成果そのものというより，そこで形成される「みんな」がかなりの強度をもつものになりうると考えられる点だ。たとえば，協力型のゲームにおける大きな成功がもたらす心理的効果について，マクゴニガルは次のように述べている。

　　　この意味は（引用者注：協力型のゲームで成果をあげたときに感じる意味），自分自身よりも大きな存在の一部になったという感覚にあります。この感覚は私たちの行動に，個々人の存在を超えた意味があるという信念からきています。私たちが何かに意味を感じるのは，それは単に自分のためでも，友達や家族だけのものでもなく，より大きな集団，つまりコミュニティや組織，あるいは人類全体にとって意味や価値があると感じられるときです。
　　　私たちの誰もが，大いなる意味を探し求めています。大いなる状況の中で何かを成し遂げるさらなる方法，この世界に長く刻まれる証を残せるさらに多くの機会，自分が参加しているプロジェクトやコミュニティの大きさで生み出せる，さらに大きな畏敬と驚嘆の瞬間を求めています。（McGonigal 2011＝2011：140-41）

　先に見た祭り・炎上をめぐる伊藤の議論をこうした議論に重ね合わせれば，ゲーミフィケーションにおける「みんな」の可能性は明らかだろう。伊藤が指

摘するように，祭り・炎上は，個人を越えた集団に人々を巻き込むことで，そこに参加する者に「そこから社会が創り出されるという実感」をもたらすのだった。そして，ここで引いたマクゴニガルの議論は，それとほぼ同様の事態を見ている。彼女が言うように，協力型ゲームのプレーヤーの心理に「自分自身よりも大きな存在の一部になったという感覚」があるのだとすれば，その設計の仕方次第では，ゲームもまた「そこから社会が創り出されるという実感」をもたらしうるのである。そしてそれを，モバイルな端末からいつでも参加できる仕組みとして組み上げることができれば，そこでは，バラバラの個人をバラバラのまま，しかし強い意味を感じることのできる「みんな」につなぐことも可能だろう。今日の情報環境のなかに安定的な「みんな」を設計しようとするとき，私たちはゲームの手法からもおそらく学べるのである。

4 ケータイ・スマホへの想像力

　以上，本章ではまず，任意の時と場であらゆることに使われるケータイ・スマホが，他の誰とも同期しない個人的なふるまいを拡大することを確認し，そうした状況のなかで逆説的に高まる「みんな」への欲求の受け皿として，今日の情報環境のなかにどのような仕組みを設計しうるかを検討してきた。もちろん，前節で見た2つの方向性は，あくまで現時点で筆者の視界に入っている例を示したにすぎず，他にも有望な道筋はありうる。また，この分野の変化のスピードを考えれば，本章の問題意識に応えてくれるようなサービスやアプリケーションは今後も数多く登場するだろう。だが，それを踏まえてあえて最後に付け加えるなら，必要なのは，そうした技術的な仕組みだけではない。新しい技術が何を帰結するかが，最終的には，社会のなかでそれがどのように使われるかにかかっている以上，むしろそうした仕組みをいかに活用し，「みんな」という次元をいかによりよくデザインすることができるか，その点に関する私たちユーザーの側の想像力が求められるのである。
　だが，実はそれこそが一番難しい課題かもしれない。メディア研究者の水越伸が2007年の時点で指摘していたように，日本のケータイ利用は，その初期

から「プライベートなおしゃべりやメールのやりとりなどからなる，いわば極私圏と，ネットを介したモノやサービスの売買，交換といった商業圏での活用に二極化」（水越 2007：41）する傾向が強かった。それは言い換えれば，その中間にありうるはずの「コミュナルな，あるいはパブリックなコミュニケーション空間」（水越 2007：40）での活用が広がらなかったということ，つまりは，そうした領域でのケータイの活用を，私たちユーザーもうまくイメージできなかったということにほかならない。言うまでもなく，水越の言う「コミュナルな，あるいはパブリックなコミュニケーション空間」は，本章で考えてきた「みんな」という次元と多くの部分で重なるが，だとすれば，本章で考えてきた問題は，新しいサービスやアプリケーションの登場だけで解決できるものではないということになろう。それは，少なくともここ 10 年程度続いてきた，ケータイ・スマホに対する私たちの想像力のあり方に関わる問題なのである。

　では，私たちはそうしたケータイ・スマホへの想像力を今後どのようにバージョンアップできるだろうか。この点について本章でさらに展開する余裕はないが，ひとつ言えるのは次のことだろう。すなわち，もし私たちがケータイ・スマホへの新たな想像力を手にすることができるとすれば，それは，本章の冒頭で見たようなケータイ・スマホ的日常のあり方をあえて批判的にとらえ返すところから始まるということだ。今日のモバイル社会の形をつくりあげているのは，ケータイ・スマホをめぐる私たちの日々のふるまいの蓄積であり，今日のモバイル社会の形を変えていくきっかけは，実のところ，そうした日常のなかにこそ埋め込まれている。あらゆる時と場で，あらゆることにケータイ・スマホを使う生活。私たちはおそらくそれを捨てることはできないし，それはそれ自体として悪いことではない。だが，そのようにケータイ・スマホに手を伸ばしつつ，折に触れて，それがどのような社会の形をつくりだしているのかを思い起こしてみることもまた必要なのである。

※本章第 1 節，第 2 節の議論は，別の問題意識から書かれた土橋（2014）の一部を再構成したものである。

さらに学びたい人のために | Bookguide ●

●入門書

▶松田美佐・土橋臣吾・辻泉編，2014『ケータイの2000年代——成熟するモバイル社会』東京大学出版会

　モバイルコミュニケーション研究会が2001年と2011年に実施した全国調査に基づいた成果。日本における携帯電話利用の10年間の経年変化を知ることができる。

▶富田英典編，2016『ポスト・モバイル社会——セカンドオフラインの時代へ』世界思想社

　ケータイ・スマホの普及した社会をオンライン（メディア空間）とオフライン（現実空間）の重なり合い（セカンドオフライン）という視点からとらえた論集。

●理論家ガイド

　ジョン・アーリ（1946-2016）はイギリスの社会学者。その初期には，観光社会学の分野で重要な研究業績を数多く発表し，その後問題意識を引き継ぎながら，本章でも参照した「移動」をめぐる社会学を展開した。特にモバイル・メディアに特化した議論をしているわけではないし，いわゆるメディア研究の流れとも異なるが，そうであるがゆえに逆に，人・モノ・情報の移動が激化する21世紀的な社会という大きな視点から，今日の情報環境の変容を考える契機を与えてくれる。数多くの著作があるが，「移動」に関する主著としては，『モビリティーズ——移動の社会学』（作品社，2015年）がある。

●最新の学術論文

▶土橋臣吾，2015「移動するモノ，設計される経験——ケータイの可動性と可変性をめぐって」『マス・コミュニケーション研究』87：17-35

引用文献一覧

(著者名アルファベット順)

Adorno, T. W., 1963, *Dissonanzen, Musik in der Verwalteten Welt, 3*, Ausg Vandenhoeck & Ruprecht.（＝1998，三光長治・高辻知義訳『不協和音──管理社会における音楽』平凡社）

阿久悠・和田誠，[1985] 1999，『A面B面──作詞・レコード・日本人』筑摩書房

Anderson, B., 1983, *Imagined Communities: Reflections on the Origin and Spread of Nationalism*, Verso.（＝1997，白石さや・白石隆訳『増補 想像の共同体──ナショナリズムの起源と流行』NTT出版）

Anderson, C., 2009, *Free: The Future of a Radical Price*, Hyperion.（＝2009，小林弘人監修，高橋則明訳『フリー──〈無料〉からお金を生みだす新戦略』NHK出版）

浅川直輝，2014，「Suica履歴販売の失策──パーソナルデータ利活用，6つの勘所(1)」『日経ビジネスONLINE』（http://business.nikkeibp.co.jp/article/opinion/20140718/268916/, 2017年11月1日取得）

浅野智彦，2013，『「若者」とは誰か──アイデンティティの30年』河出書房新社

浅野智彦，2016，「見田社会学におけるリアリティ」奥村隆編『作田啓一 VS. 見田宗介』弘文堂

生明俊雄，2004，『ポピュラー音楽は誰が作るのか──音楽産業の政治学』勁草書房

東浩紀，2001，『動物化するポストモダン──オタクから見た日本社会』講談社

東浩紀，2007，『ゲーム的リアリズムの誕生──動物化するポストモダン2』講談社

東浩紀，2011，『一般意志2.0──ルソー，フロイト，グーグル』講談社

Bauman, Z., 2000, *Liquid Modernity*, Polity Press.（＝2001，森田典正訳『リキッド・モダニティ──液状化する社会』大月書店）

Bauman, Z., 2011, *Culture in a Liquid Modern World*, Polity.（＝2014，伊藤茂訳『リキッド化する世界の文化論』青土社）

Bauman, Z. and D. Lyon, 2012, *Liquid Surveillance: A Conversation*, Polity.（＝2013，伊藤茂訳『私たちが，すすんで監視し，監視される，この世界について──リキッド・サーベイランスをめぐる7章』青土社）

Beck, U., 1986, *Risikogesellschaft: Auf dem Weg in eine andere Moderne*, Suhrkamp.（＝1998，東廉・伊藤美登里訳『危険社会──新しい近代への道』法政大学出版局）

Beck, U., A. Giddens and S. Lash, 1994, *Reflexive Modernization: Politics, Tradition and Aesthetics in the Modern Social Order*, Stanford University Press.（＝1997，松尾精文・小幡正敏・叶堂隆三訳『再帰的近代化──近現代における政治，伝統，美的原理』而立書房）

Bell, D., 1973, *The Coming of Post-Industrial Society*, Basic Books.（＝1975，内田忠夫ほか訳『脱工業社会の到来』上，ダイヤモンド社）

ベネッセ教育総合研究所，2014，「中学1年〜高校2年生9,468人の中高生対象『ICT利用実態調査』」（http://blog.benesse.ne.jp/bh/ja/news/m/2014/12/09/docs/20141209release_1.pdf, 2018年6月20日取得）

● 207

Benjamin, W., 1936, *Abhandlungen, Gesammelte Schriften,* Band 2, Surkamp.（＝1970，高木久雄・高原宏平訳，佐々木基一編『ヴァルター・ベンヤミン著作集 2 複製技術時代の芸術』晶文社）

Benjamin, W. and T. W. Adorno, Hrsg. von H. Lolitz, 1994, *Briefwechsel 1928-1940,* Suhrkamp.（＝1996，野村修訳『ベンヤミン／アドルノ往復書簡──1928-1940』晶文社）

Bolz, N., 1993, *Am Ende der Gutenberg-Galaxis: Die neuen Kommunikationsverhältnisse,* Verlag Wilhelm Fink.（＝1999，識名章喜・足立典子訳『グーテンベルク銀河系の終焉──新しいコミュニケーションのすがた』法政大学出版局）

Boorstin, D., 1961, *The Image: Or, What Happened to the American Dream,* Weidenfeld and Nicolson.（＝1964，後藤和彦・星野郁美訳『幻影（イメジ）の時代──マスコミが製造する事実』東京創元社）

Boyd, D., 2014, *It's Complicated,* Yale University Press.（＝2014，野中モモ訳『つながりっぱなしの日常を生きる──ソーシャル・メディアが若者にもたらしたもの』草思社）

Castells, M., 1989, *The Informational City: Information Technology, Economic Restructuring and the Urban-Regional Process,* Blackwell.

Castells, M., 2001, *The Internet Galaxy: Reflections on the Internet, Business, and Society,* Oxford University Press.（＝2009，矢澤修次郎・小山花子訳『インターネットの銀河系──ネット時代のビジネスと社会』東信堂）

Creative Commons Corporation, 2011,『The Power of Open』日本語版（http://thepowerofopen.org/assets/pdfs/tpoo_jap.pdf, 2015 年 1 月 29 日取得）

電通，2005，「AISAS」（商標登録番号第 4874525 号）

電通若者研究部編，吉田将英・奈木れい・小木真・佐藤瞳著，2016，『若者離れ──電通が考える未来のためのコミュニケーション術』エムディエヌコーポレーション

土橋臣吾，2003，「携帯インターネット利用の日常性」『武蔵工業大学環境情報学部情報メディアセンタージャーナル』4，2-10

土橋臣吾，2014，「ケータイ・ネットはいかに日常化したか」松田美佐・土橋臣吾・辻泉編『ケータイの 2000 年代──成熟するモバイル社会』東京大学出版会

Dorfman, A. and A. Mattelart, 1972, *Para Leer al Pato Donard: Comunicación de Masasy Colonialismo,* Siglo Veintiuno Editores.（＝1984，山崎カヲル訳『ドナルド・ダックを読む』晶文社）

遠藤薫編，2004，『インターネットと〈世論〉形成──間メディア的言説の連鎖と抗争』東京電機大学出版局

Featherstone, M., N. Thrift and J. Urry eds., 2005, *Automobilities,* Sage.（＝2010，近森高明訳『自動車と移動の社会学──オートモビリティーズ』法政大学出版局）

Fischer, C. S., 1992, *America Calling: A Social History of the Telephone to 1940,* University of California Press.（＝2000，吉見俊哉・松田美佐・片岡みい子訳『電話するアメリカ──テレフォンネットワークの社会史』NTT 出版）

Foucault, M., 1975, *Surveiller et Punir,* Gallimard.（＝1977，田村俶訳『監獄の誕生』新潮社）

藤子・F・不二雄，1990，『ドラえもん』42，小学館

藤代裕之編，2015，『ソーシャルメディア論——つながりを再設計する』青弓社

藤竹暁，1977，「共有的テレビ視聴論——テレビにおける日常的視聴の意味について」『文研月報』27(1)

古瀬幸広・廣瀬克哉，1996，『インターネットが変える世界』岩波書店

Gandy, O., 1993, *The Panoptic Sort: A Political Economy of Personal Information*, Routledge. (＝1997，江夏健一監訳『個人情報と権力』同文舘)

Giddens, A., 1990, *The Consequence of Modernity*, Polity Press. (＝1993，松尾精文・小幡正敏訳『近代とはいかなる時代か？——モダニティの帰結』而立書房)

技術評論社編，2014，『アドテクノロジープロフェッショナル養成読本——デジタルマーケティング時代の広告効果を最適化！』技術評論社

Goffman, E., 1959, *The Presentation of Self in Everyday Life*, Doubleday. (＝1974，石黒毅訳『行為と演技——日常生活における自己呈示』誠信書房)

Gore, A. 1991, "Infrastructure for the Global Village" *Scientific American*, 265, 150-153 (＝1994，浜野保樹監修，門馬淳子訳『情報スーパーハイウェイ』電通)

萩原滋編，2013，『テレビという記憶——テレビ視聴の社会史』新曜社

Hall, S. R., 1925, *Retail Advertising and Selling*, McGraw-Hill.

長谷正人，2010，「コンテンツ化する芸術」井上俊・長谷正人編『文化社会学入門——テーマとツール』ミネルヴァ書房

長谷川文雄・福冨忠和編，2007，『コンテンツ学』世界思想社

橋元良明，1998，「パーソナル・メディアとコミュニケーション行動——青少年にみる影響を中心に」竹内郁郎ほか編『メディア・コミュニケーション論』北樹出版

蓮實重彥，1992，『監督小津安二郎』筑摩書房

速水健朗，2007，『タイアップの歌謡史』洋泉社

廣野由美子，2005，『批評理論入門——「フランケンシュタイン」解剖講義』中央公論新社

細川周平，1981，『ウォークマンの修辞学』朝日出版社

細見和之，1996，『アドルノ——非同一性の哲学』講談社

宝泉薫・ファッシネイション編，2002，『歌謡曲という快楽——雑誌「よい子の歌謡曲」とその時代』彩流社

池田謙一編，2010，『クチコミとネットワークの社会心理——消費と普及のサービスイノベーション研究』東京大学出版会

稲増龍夫，1993，『増補アイドル工学』筑摩書房

伊藤耕太，2012，「ケータイの多機能化をめぐって」岡田朋之・松田美佐編『ケータイ社会論』有斐閣

伊藤昌亮，2014，「祭りと血祭り——炎上の社会学」川上量生監修『ネットが生んだ文化——誰もが表現者の時代』角川学芸出版

加島卓，2011，「メディア・リテラシーの新展開」土橋臣吾・南田勝也・辻泉編『デジタルメディアの社会学——デジタルメディアの社会学』北樹出版

加藤幹郎，2006，『映画館と観客の文化史』中央公論新社

城戸浩太郎，1970，『社会意識の構造』新曜社

吉川徹，2014，『現代日本の「社会の心」——計量社会意識論』有斐閣

喜多千草，2003，『インターネットの思想史』青土社

北田暁大，2005，『嗤う日本の「ナショナリズム」』日本放送出版協会

北田暁大，[2000] 2008，『広告の誕生——近代メディア文化の歴史社会学』岩波書店

北田暁大，[2002] 2011，『広告都市・東京——その誕生と死〔増補〕』筑摩書房

北田暁大，2012，「若者論の理由——若者文化論はなぜ繰り返され続けるのか」小谷敏ほか編
『若者の現在——文化』日本図書センター

北川昌弘とゆかいな仲間たち，2013，『山口百恵→AKB48 ア・イ・ド・ル論』宝島社

北川高嗣，2002，「新世代情報都市のビジョン」西垣通・NTTデータシステム科学研究所編
『情報都市論』NTT 出版

Kittler, F. A., 1986, *Grammophon Film Typewriter*, Brinkmann & Bose.（＝2006，石光泰夫・
石光輝子訳『グラモフォン・フィルム・タイプライター』上・下，筑摩書房）

小林秀雄，1961，『モオツァルト・無常という事』新潮社

小林秀雄，2002，『小林秀雄全作品 1　様々なる意匠』新潮社

倉田喜弘，1979，『日本レコード文化史』東京書籍

栗原正輝，2003，「若者の対人関係における携帯メールの役割」『情報通信学会誌』21，87-94

黒崎政男，2002，『デジタルを哲学する——時代のテンポに翻弄される〈私〉』PHP 研究所

Kusek, D. and G. Leonhard, 2005, *The Future of Music : Manifesto for the Digital Music Revo-
lution*, Berklee Press.（＝2005，yomoyomo 訳『デジタル音楽の行方——音楽産業の使死と
再生，音楽はネットを越える』翔泳社）

Lash, S., 2002, *Critique of Information*, Sage.（＝2006，相田敏彦訳『情報批判論——情報社会
における批判理論は可能か』NTT 出版）

Lessig, L., 2001, *The Future of Ideas : The Fate of the Commons in a Connected World*, Ran-
dom House.（＝2002，山形浩生訳『コモンズ——ネット上の所有権強化は技術革新を殺す』
翔泳社）

Lippmann, W., 1922, *Public Opinion*, Macmillan Company.（＝1987，掛川トミ子訳『世論』
上・下，岩波書店）

Liszewski, A., 2013, "You Could Help Measure Weather Patterns Just by Turning on Your
Wipers", *GIZMODO*,（Retrieved March 10, 2016, http://gizmodo.com/you-could-help-
measure-weather-patterns-by-just-turning-1474928256, 2018 年 6 月 20 日取得）

Lyon, D., 2007, *Surveillance Studies : An Overview*, Polity.（＝2011，田島泰彦・小笠原みどり
訳『監視スタディーズ——「見ること」「見られること」の社会理論』岩波書店）

松田美佐，2008，「電話の発展——ケータイ文化の展開」橋元良明編『メディア・コミュニケ
ーション学』大修館書店

Mayer-Schönberger, V. and K. Cukier, 2013, *Big Data : A Revolution That Will Transform
How We Live, Work, and Think*, John Murray.（＝2013，斎藤栄一郎訳『ビッグデータの正
体——情報の産業革命が世界のすべてを変える』講談社）

McGonigal, J., 2011, *Reality Is Broken : Why Games Make Us Better and How They Can
Change the World*, Penguin.（＝2011，妹尾堅一郎監修，藤本徹・藤井清美訳『幸せな未来

は「ゲーム」が創る』早川書房）

McLuhan, M., 1962, *The Gutenberg Galaxy: The Making of Typographic Man*, University of Toronto Press.（＝1986，森常治訳『グーテンベルクの銀河系——活字人間の形成』みすず書房）

McLuhan, M., 1964, *Understanding Media: The Extensions of Man*, McGraw-Hill.（＝1987，栗原裕・河本仲聖訳『メディア論——人間の拡張の諸相』みすず書房）

メディア環境研究所，2017，「メディア定点調査2017」

Meyrowitz, J., 1985, *No Sense of Place: The Impact of Electronic Media on Social Behavior*, Oxford University Press.（＝2003，安川一・高山啓子・上谷香陽訳『場所感の喪失——電子メディアが社会的行動に及ぼす影響』上，新潮社）

三原康博・テレビ美術研究会編，2012，『ザ・ベストテンの作り方——音楽を絵にする仕事』双葉社

南田勝也，2004，「メディアのデジタル情報化とアドルノ理論の意義」『甲南女子大学研究紀要』40，93-101

南田勝也，2007，「メディア文化の未来——身体へ波及するデジタルなモード」富田英典・南田勝也・辻泉編『デジタルメディア・トレーニング——情報化時代の社会学的思考法』有斐閣

南田勝也，2014，『オルタナティブロックの社会学』花伝社

見田宗介，1966，『価値意識の理論——欲望と道徳の社会学』弘文堂

見田宗介，1967，『近代日本の心情の歴史——流行歌の社会心理史』講談社

見田宗介，1995，「現代日本の感覚変容——夢の時代と虚構の時代」『現代日本の感覚と思想』講談社学術文庫

見田宗介，1996『現代社会の理論——情報化・消費化社会の現在と未来』岩波新書

見田宗介，2012，『現代社会はどこに向かうか——〈生きるリアリティの崩壊と再生〉』弦書房

宮台真司・石原英樹・大塚明子，1993，『サブカルチャー神話解体——少女・音楽・マンガ・性の30年とコミュニケーションの現在』PARCO出版局

溝尻真也，2013，「声を伝える／技術を楽しむ——電話・ラジオのメディア史」飯田豊編『メディア技術史——デジタル社会の系譜と行方』北樹出版

水越伸，2002，『新版デジタル・メディア社会』岩波書店

水越伸編，2007，『コミュナルなケータイ——モバイル・メディア社会を編みかえる』岩波書店

モバイルコミュニケーション研究会編，2002，『携帯電話利用の深化とその影響』（科学研究費：携帯電話利用の深化とその社会的影響に関する国際比較研究　初年度報告書（日本における携帯電話利用に関する全国調査結果）

永井純一，2016，『ロックフェスの社会学——個人化社会における祝祭をめぐって』ミネルヴァ書房

内閣府，2009，「第8回世界青年意識調査」（http://www8.cao.go.jp/youth/kenkyu/worldyouth8/html/2-7-1.html#1，2016年11月18日取得）

内閣府，2014，「我が国と諸外国の若者の意識に関する調査」（http://www8.cao.go.jp/youth/

kenkyu/thinking/h25/pdf_index.html, 2018 年 6 月 20 日取得)

仲田誠, 1997, 『情報社会の病理学』砂書房

NHK 放送文化研究所編, 2013, 『NHK 中学生・高校生の生活と意識調査 2012——失われた 20 年が生んだ "幸せ" な十代』NHK 出版

NHK 放送文化研究所, 2015, 「テレビ視聴とメディア利用の現在——『日本人とテレビ・2015』調査から」『放送研究と調査』65(8), 18-47

NHK 放送世論調査所編, 1982, 『現代人と音楽』日本放送出版協会

日本放送協会, 2013, 「ガバメント 2.0　市民の英知が社会を変える」『クローズアップ現代』(http://www.nhk.or.jp/gendai/articles/3326/1.html, 2018 年 6 月 20 日取得)

日本レコード協会編, 2001~2013, 『音楽メディアユーザー実態調査　2001 年度~2013 年度』日本レコード協会 (http://www.riaj.or.jp/report/mediauser/, 2018 年 6 月 20 日取得)

日経デジタルマーケティング, 2014, 『図解マーケティングの教科書』日経 BP

野村総合研究所・松下東子・日戸浩之・濱谷健史, 2013, 『なぜ日本人はモノを買わないのか?』東洋経済新報社

小川明子, 2016, 『デジタル・ストーリーテリング——声なき想いに物語を』リベルタ出版

荻上チキ, 2008, 『ネットいじめ』PHP

大橋洋一編, 2006, 『現代批評理論のすべて』新書館

岡田朋之, 2006, 「ケータイの生成と若者文化——パーソナル化とケータイ・インターネットの展開」松田美佐・岡部大介・伊藤瑞子編『ケータイのある風景——テクノロジーの日常化を考える』北大路書房

岡田朋之・羽渕一代, 1999, 「移動体メディアに関する街頭調査の記録(抜粋)」『武庫川女子大学生活美学研究所紀要』9, 132-153

岡田朋之・松田美佐・羽渕一代, 2000, 「移動電話利用におけるメディア特性と対人関係——大学生を対象とした調査事例より」『平成 11 年度情報通信学会年報』43-60

奥野卓司, 2000, 『第三の社会——ビジネス・家族・社会が変わる』岩波書店

Ong, W. J., 1982, *Orality and Literacy: The Technologizing of the Word*, Methuen & Co. (= 1991, 桜井直文・林正寛・糟谷啓介訳『声の文化と文字の文化』藤原書店)

大阪府, 2014, 「大阪スマホアンケート調査結果——OSAKA スマホサミット 2014」(http://www.pref.osaka.lg.jp/attach/23164/00188996/cyousakekka.pptx, 2018 年 6 月 20 日取得)

太田省一, 2011, 『アイドル進化論——南沙織から初音ミク, AKB48 まで』筑摩書房

oxforddictionaries. com, 2016, *Word of the Year 2016 is...* (https://en.oxforddictionaries.com/word-of-the-year/word-of-the-year-2016, 2018 年 6 月 20 日取得)

Perez, S., 2012, "Why Does There Always Have to Be an App for That?" *TechCrunch* (2012.11.5, https://techcrunch.com/2012/11/04/why-does-there-always-have-to-be-an-app-for-that/, 2018 年 6 月 20 日取得)

齋藤完, 2013, 『映画で知る美空ひばりとその時代——銀幕の女王が伝える昭和の音楽文化』スタイルノート

坂村健, 2007, 『ユビキタスとは何か——情報・技術・人間』岩波書店

佐々木敦, 2008, 『「批評」とは何か?——批評家養成ギブス』メディア総合研究所

佐藤尚之，2011，『明日のコミュニケーション──「関与する生活者」に愛される方法』アスキー・メディアワークス

佐藤卓己，2008，『テレビ的教養──一億総博知化への系譜』NTT出版

佐藤俊樹，2010，『社会は情報化の夢を見る──［新世紀版］ノイマンの夢・近代の欲望』河出書房新社

Schutz, A., 1970, *On Phenomenology and Social Relations*, The University of Chicago Press.（＝1980，森川眞規雄・浜日出夫訳『現象学的社会学』紀伊國屋書店）

新宅純二郎・柳川範之編，2008，『フリーコピーの経済学──デジタル化とコンテンツビジネスの未来』日本経済新聞出版社

晋遊舎編，2012，『これでわかる！ 裏マーケティングのすべて』晋遊舎ムック

城田真琴，2015，『パーソナルデータの衝撃──一生を丸裸にされる「情報経済」が始まった』ダイヤモンド社

田中辰雄・山口真一，2016，『ネット炎上の研究──誰があおり，どう対処するのか』勁草書房

総務省行政管理局，2004，「コンテンツの創造，保護及び活用の促進に関する法律」総務省行政ポータルサイト（http://law.e-gov.go.jp/htmldata/H16/H16HO081.html，2018年6月20日取得）

総務省情報通信政策研究所調査研究部，2011，「我が国の情報通信市場の実態と情報流通量の計量に関する調査研究結果（平成21年度）──情報流通インデックスの計量」（http://www.soumu.go.jp/main_content/000124276.pdf，2018年6月20日取得）

杉本達應，2017，「開かれたネットワーク──インターネットを作ったのは誰か」飯田豊編『メディア技術史──デジタル社会の系譜と行方〔改訂版〕』北樹出版

鈴木謙介，2007，『ウェブ社会の思想──〈遍在する私〉をどう生きるか』日本放送出版協会

鈴木謙介，2014，「IPPS消費とは何か──2014年を振り返る(1)」（http://blog.szk.cc/2014/12/27/what-is-ipps/，2018年6月20日取得）

鈴木正朝・高木浩光・山本一郎，2015，『ニッポンの個人情報──「個人を特定する情報が個人情報である」と信じているすべての方へ』翔泳社

多木浩二，2000，『ベンヤミン「複製技術時代の芸術作品」精読』岩波書店

竹中夏海，2012，『IDOL DANCE!!!──歌って踊るカワイイ女の子がいる限り，世界は楽しい』ポット出版

竹内義和，1987，『清純少女歌手の研究──アイドル文化論』青心社

総務省，2005，「平成16年通信利用動向調査の結果」（http://www.soumu.go.jp/johotsusintokei/statistics/data/050510_1.pdf，2018年6月20日取得）

総務省，2015，「平成26年通信利用動向調査の結果」（http://www.soumu.go.jp/johotsusintokei/statistics/data/150717_1.pdf，2018年6月20日取得）

丹治愛編，2003，『知の教科書 批評理論』講談社

Toffler, A., 1980, *The Third Wave*, Bantam Books.（＝1980，徳山二郎監修，鈴木健次・桜井元雄他訳『第三の波』日本放送出版協会）

Tomlinson, J., 1991, *Cultural Imperialism: A Critical Introduction*, Pinter.（＝片岡信訳，1997，

『文化帝国主義』青土社)

津田大介，2012，『動員の革命——ソーシャルメディアは何を変えたのか』中央公論新社

辻大介，2009，「コミュニケーションの2段階の流れ」伊藤守編『よくわかるメディア・スタ
ディーズ』ミネルヴァ書房

辻泉・大倉韻・野村勇人，2017，「若者文化は25年間でどう変わったか——『遠隔＝社会，対
人性，個人性』三領域の視点からの『計量的モノグラフ』」『紀要社会学・社会情報学』27
(268)，107-137

辻泉・松田美佐・浅野智彦編，2018（近刊），『グローカル化する若者世界——グローカルネイ
ティブの暮らし方』岩波書店

烏賀陽弘道，2005，『Jポップとは何か——巨大化する音楽産業』岩波書店

Urry, J., 2000, *Sociology Beyond Societies: Mobilities for the Twenty-first Century*, Routledge.
（＝2006，吉原直樹監訳『社会を越える社会学——移動・環境・シチズンシップ』法政大学
出版局）

輪島裕介，2015，『踊る昭和歌謡——リズムからみる大衆音楽』NHK出版

若林幹夫，2010，『〈時と場〉の変容——「サイバー都市」は存在するか？』NTT出版

Webster, F., 1995, *Theories of the Information Society*, Routledge.（＝2001，田畑暁生訳『「情
報社会」を読む』青土社）

吉見俊哉，1992，「変容する社会空間——電話が越境する社会」吉見俊哉・若林幹夫・水越伸
『メディアとしての電話』弘文堂

事 項 索 引

●あ 行

IoT　122, 139
iTunes Store　136
アイドル　57, 61, 62, 64, 66, 67, 69
アイドル批評　64
アイドルブーム　95
アイドル文化　59, 60, 62
iPhone　114, 192
iPod　49, 94
iモード　49
アウラ　62, 107-109
@cosme　117
Apple Music　100
アーティスト　66, 67
アドテクノロジー　116
アナログレコード　56, 105
アーパネット（ARPANET）　30-32
アフォーダンス　81
Amazon　101, 116, 136, 144, 181, 182
アーリー・アダプター　116
いじめ　87
位置情報　140
位置連動型広告　114
一般意志　141, 142
一般意志2.0　140, 142, 143
移動性　38
移動の社会学　196
Instagram　49, 76, 85, 165, 193
インターネット　4, 8, 20, 21, 30, 32, 33, 57, 78, 90, 155
インターネット広告（ネット広告）　114
インターネット利用動向　79
Wikipedia　101
Windows95　32, 94
ウェアラブル端末　184
ウェアラブルデバイス　122

ウォークマン　45, 68
歌番組　62, 63, 65
AI（人工知能）　123
映 画　61
映画批評　176
SNS　76-78, 80, 82-86, 88, 90
SNS疲れ　81
SMS　48
NTT　42
炎 上　81, 84, 87, 197, 198, 200, 202, 203
大きな物語　70
orkut　83
おサイフケータイ　49
オーディエンス　38, 59, 60, 64, 69
オピニオン・リーダー　116
オプトアウト　126

●か 行

格 差　29, 32
カセットテープ　68
ガバメント2.0　199, 200
ガラケー　50, 78, 95
環境管理型社会　124
観察者　165-167
監視社会　33, 123, 125
鑑賞の時代　186
間メディア性　57
疑似イベント（論）　155, 157, 158, 164
疑似環境（論）　155, 156-158, 162, 164
記事体広告　→ネイティブ広告
技術決定論　27, 28, 30, 32
虚 構　160, 163, 166, 168
　　──の時代　161, 162
規律訓練型社会　124
近代社会　8
空間的不安　52
Google　101, 114, 120

●　215

Google Map　114
クラウドコンピューティング　49
クラウドソーシング　199
GREE　77
クリエイティブ・コモンズ　98
グローバリゼーション　28, 172
グローバル・ヴィレッジ　9, 25
携帯電話　7, 44, 45, 48, 51, 78, 79, 152
ゲーミフィケーション　201, 202
検索エンジン　82
検索連動型広告　114
現象学的社会学　159
後期近代　58
公共マナー　51
広告の個人化　120, 125
行動ターゲティング広告　126
行動的不安　52
行動履歴　132, 133, 135, 138, 142
購買履歴　132, 133, 135-138, 142
国民国家　4
個人化　2, 6, 9, 10, 11, 14, 70, 154, 168
個人化社会　103
個人情報　120, 122, 125, 127, 133, 135
個人情報保護法　126
固定性　38
固定電話　7, 41, 44, 50, 51
コマーシャリズム　107, 108
コミュニケーション　3, 24, 80, 83, 88, 90, 166,
　　182
　　──の希薄化論　88
コミュニティ　118
コンテンツ　56, 57, 172
コンテンツ化　166
コンテンツ産業　173
コンテンツ消費　186
コンテンツ振興法　172
コンテンツ・メディア　4
コンテンツ連動型広告　114

●さ　行

再帰化　2

再帰性　183
再帰的近代　58
再帰的近代化　12
最適化　134, 135
雑誌広告　114
サブカルチャー　175
サブスクリプション　57, 100
Jポップ　66, 67, 69
自足的利用　43
CD（コンパクトディスク）　67, 68, 94-96
自動車電話　45
GPS　114
資本主義社会　29
社会意識論　160, 162
社会学化　176
社会構築主義　28
社会のデザイン　143
社会のネットワーク化　33
写メール　49
集合的沸騰　185, 197, 198
熟　議　141-143
祝祭性　61
出　版　22, 23
瞬間的時間　196
消費行動　116, 118, 122, 125
消費行動モデル　117
消費財　178
消費者社会　124
消費情報量　7
商品化　107-110
情報環境　134, 137
　　──のデザイン　143
情報技術　142, 143
情報社会　21, 172
情報社会論　25, 27, 28, 30
情報スーパーハイウェイ構想　30
情報通信機器　78
情報通信技術　48
情報都市　29
触知的な遭遇　184
ショルダーホン　45

新聞　5, 156
新聞広告　117
スター　61, 62
ステルスマーケティング（ステマ）　119
Spotify　100
スマートデバイス　49
スマートフォン　4, 5, 7, 9, 41, 50, 51, 78, 79, 84, 95, 152, 184, 190, 192
正統性　108
全体意志　141, 142
相互行為　38, 40
相互行為論　39
相互作用　57
想像の共同体　8, 22, 24, 25
贈　与　101
ソシオ・メディア論　28
ソーシャル・メディア　4, 9, 76, 77, 80-82, 84, 87, 116, 117, 127, 165
ソリッド・モダニティ　58

●た　行

タイアップ広告　→ネイティブ広告
大衆文化　175
第2の近代　58
ターゲット広告　125
多元的現実論　158-160
多元的自己　89, 118, 125-127
多項対立的なリアリティ　159, 163, 164, 166-168
多国籍企業　28
脱工業化社会　25
タブレット　184
食べログ　117
着うた　49, 95
着メロ　49
著作権管理システム　100
著作権保護システム　98
Twitter　4, 48, 52, 76-78, 84, 86, 87, 116, 193, 197
通信利用動向調査　78-80
つながり　77, 80, 83, 85, 86, 88, 90

ディープラーニング　123
テクノロジー的生活形式　180, 181, 183, 185
デジタルオーディオプレーヤー　184
デジタル化　94
デジタル配信　96
データサイエンティスト　122
データベース　142
データベース消費　178
テレビ　20, 24, 40, 50, 51, 60, 62, 133, 152, 154
テレビ広告　114
電子メディア　40, 43, 51
電電公社（日本電信電話公社）　41, 42
電　話　27, 28, 40
動画広告　114
動画配信サイト　95
同期性　193, 194
道具的利用　43
当事者　164
特殊意志　141, 142
匿名化　126
匿名掲示板　84, 87
DOMMUNE　186
ドラマツルギー　38

●な　行

ナチュラル・ユーザー・インターフェイス　184
二項対立的なリアリティ　158, 159, 163, 164, 167, 168
ニコニコ生放送　141
日常生活の現実　159
日本レコード協会　94
ニュー・アカデミズム　64, 70, 176
ニュース　156-158
ニューメディア論　70
人称的不安　52
ネイティブ広告　119
ネットワーク　20, 21, 29, 30, 33
ネットワーク社会　21

事項索引　●217

●は 行

場 所 38, 40, 53
　——からの解放 44
場所性 182, 183
パソコン 78
パーソナル・コミュニケーション 3, 4
パーソナル・メディア 3
バーチャル 162, 166
パッケージビジネス 97, 100
パノプティコン 123, 124
パノプティック・ソート 124
パフォーマー 38
PHS 44
非貨幣市場 101, 102
pixiv 86
非線形性 181, 183
ビッグデータ 122, 123, 126, 132, 133
非日常性 61
批 評 174, 175, 178
　——の不可能性 178, 179
ファイル交換ソフト 105
フィーチャーフォン 50
フェイクニュース 154
Facebook 4, 76, 83-86, 116, 165
複眼的思考 12, 14
複製技術 60, 106, 107, 109, 174
不正アクセス 120
舞台裏 38, 50, 51
舞台上 38, 50
プライバシー 51, 133, 143
プライバシー保護 126
プライバシーポリシー 120, 126
フリー経済 102
フリマアプリ 118
フリーミアム 101, 102
プレイ（遊び） 185, 186
　——の時代 186
Friendstar 83
ブログ 84
ブロードバンド化 48

文 化 182
文化相対主義 177
文芸批評 175
分散型のネットワーク 30
平準化 180, 183
遍在性 108, 163, 164
ポイントカード 121, 125
ポケットベル 45-48
POS データ 132
ポスト・トゥルース 154, 155
ポストモダニティ 58
ポストモダン 25, 70, 176
ポピュラー音楽 58, 60
ポピュラー文化 183

●ま 行

MySpace 83
マス広告 116, 125
マス・コミュニケーション 4
マス・メディア 3, 4, 9, 20, 22, 25, 26, 32, 57,
　76, 82, 86, 108, 117, 133, 152, 154-156, 158,
　163, 194
マス・メディア的生活 193
祭 り 185, 197, 198, 200, 202, 203
マルチ・メディア 4
マルチメディア化 51-53
mixi 76-78, 83, 84, 86, 87
水のような音楽 99, 100
ミリオンセラー 67
民主主義 140, 141, 143, 144
無意識の貢献者 144-146
無料ダウンロード 103
メディア環境 57
メディア決定論 83, 89
メディア・コンテンツ 28
メディア社会論 6, 12, 14
メディア複合体 56
メディア論 23, 39, 40, 97, 103
モダニティ 57
モバイル化 51-53, 197, 199
モバイル社会 190, 191, 193, 194

モバイル・デバイス 40, 41, 45, 48, 52, 53

●や　行

やらせ 119, 158
YouTube 4, 57, 102, 114, 181, 182
ユビキタス 132, 133

●ら　行

LINE 48, 76-78, 85, 87, 88, 193
ラジオ 5
ラジオ広告 114
リアリティ 154, 155, 157, 158, 160, 163, 168
リアルタイムオークション 116
リキッド・サーベイランス 123

リキッド・モダニティ 6, 58, 59, 69, 70
リコメンデーション・エンジン 136, 137
リコメンデーション機能 116, 136
離　昇 182, 183
リスク 10, 11
流通情報量 7
流動化 2, 6, 8, 11, 14, 154, 168
流動性 57, 59, 69
ロック批評 175

●わ　行

若　者 88, 152, 165
ワンセグ放送 49

人名索引

●あ 行

浅野智彦　89, 91
東浩紀　140-142, 144, 147, 177, 178
アドルノ（T. W. Adorno）　106-111
アーリ（J. Urry）　196, 205
アンダーソン（B. Anderson）　8, 22-24
アンダーソン（C. Anderson）　101, 102
伊藤昌亮　197, 202
稲増龍夫　61, 62, 65
ウェブスター（F. Webster）　21
烏賀陽弘道　67
宇野常寛　178
遠藤薫　57
太田省一　59
岡田朋之　46
小川明子　34
荻上チキ　87
オング（W. J. Ong）　3

●か 行

カステル（M. Castells）　29, 33, 34
加藤幹郎　61
ガンディー（O. Gandy）　124
北川昌弘　66
北田暁大　64, 88, 124
吉川徹　160
ギデンズ（A. Giddens）　12, 15, 58, 179
城戸浩太郎　160
クセック（D. Kusek）　99, 100
黒崎政男　104, 106
小林秀雄　175
ゴフマン（E. Goffman）　38-40, 50, 54

●さ 行

佐藤卓己　63
佐藤忠男　176

佐藤俊樹　21
シュッツ（A. Schutz）　158, 159, 163, 164
鈴木謙介　134-136

●た 行

竹内義和　63
デュルケム（É. Durkheim）　197
トフラー（A. Toffler）　26
ドルフマン（A. Dorfman）　28

●な 行

仲田誠　29

●は 行

バウマン（Z. Bauman）　6, 10, 57, 58, 69, 71,
　　123, 124
橋元良明　88
蓮實重彦　176
長谷川正人　173, 174
長谷川文雄　173
羽渕一代　46
廣野由美子　175
ブーアスティン（D. Boorstin）　157, 158
フィッシャー（C. S. Fischer）　27, 28
福冨忠和　173
フーコー（M. Foucault）　123, 128
ベック（U. Beck）　10, 58, 179
ベル（D. Bell）　25, 26
ベンヤミン（W. Benjamin）　106-108, 110,
　　111
ボイド（D. Boyd）　80-82, 90, 91
細川周平　68
ボルツ（N. Bolz）　56

●ま 行

マクゴニガル（J. McGonigal）　201-203
マクルーハン（M. McLuhan）　3, 9, 23, 24,

34, 38-40, 50
マトゥラール（A. Mattelart）　28
水越伸　28, 203
見田宗介　160-162, 166, 168, 169
宮台真司　176-178
メイロウィッツ（J. Meyrowitz）　38-40, 50,
　53
毛利嘉孝　173

●や　行

吉見俊哉　44

●ら　行

ライアン（D. Lyon）　123, 124

ラッシュ（S. Lash）　179-184, 187
リップマン（W. Lippmann）　156
ルソー（J. -J. Rousseau）　140-142
レオナルト（G. Leonhard）　99, 100
レッシグ（L. Lessig）　98, 99

●わ　行

若林幹夫　137, 138
輪島裕介　64

メディア社会論
Media and Society: A Critical Perspective

2018 年 9 月 20 日　初版第 1 刷発行
2024 年 11 月 10 日　初版第 6 刷発行

編　者	辻　　　　泉 南　田　勝　也 土　橋　臣　吾
発行者	江　草　貞　治
発行所	株式会社　有　斐　閣 郵便番号 101-0051 東京都千代田区神田神保町 2-17 https://www.yuhikaku.co.jp/

印刷・大日本法令印刷株式会社／製本・牧製本印刷株式会社
© 2018, Izumi Tsuji, Katsuya Minamida, Shingo Dobashi. Printed in Japan
落丁・乱丁本はお取替えいたします。
★定価はカバーに表示してあります。
ISBN 978-4-641-15055-3

JCOPY　本書の無断複写（コピー）は、著作権法上での例外を除き、禁じられています。複写される場合は、そのつど事前に（一社）出版者著作権管理機構（電話03-5244-5088, FAX03-5244-5089, e-mail：info@jcopy.or.jp）の許諾を得てください。